路面材料介电特性与介电模型研究

孟美丽　王复明　著

中国水利水电出版社

www.waterpub.com.cn

·北京·

内 容 提 要

本书在电磁波基本理论的基础上，根据水泥混凝土和沥青混合料各自的结构特点，采用理论和试验相结合的方法，分析其介电性能和影响因素，探讨温度和测试频率对水泥混凝土和沥青混合料介电特性的影响规律，建立考虑频率、温度的水泥混凝土和沥青混合料综合介电模型。基于此关系模型，提出了水泥混凝土和沥青混合料成分体积率的计算方法，对实际工程路面进行了相关质检指标检测的实证研究。

本书是一部研究水泥混凝土和沥青混合料介电特性和介电模型的专著，具有较强的科学性、知识性、方法性，可供道路工程、土木工程、水利工程等专业的科研单位、高等院校及生产、管理和决策部门使用和参考。

图书在版编目（ＣＩＰ）数据

路面材料介电特性与介电模型研究 / 孟美丽，王复明著. -- 北京 : 中国水利水电出版社，2016.7
ISBN 978-7-5170-4692-9

Ⅰ．①路… Ⅱ．①孟… ②王… Ⅲ．①路面材料—介电性质—研究 Ⅳ．①U414

中国版本图书馆CIP数据核字(2016)第211326号

书　　名	路面材料介电特性与介电模型研究 LUMIAN CAILIAO JIEDIAN TEXING YU JIEDIAN MOXING YANJIU
作　　者	孟美丽　王复明　著
出版发行	中国水利水电出版社 （北京市海淀区玉渊潭南路 1 号 D 座　100038） 网址：www.waterpub.com.cn E - mail：sales@waterpub.com.cn 电话：(010) 68367658（营销中心）
经　　售	北京科水图书销售中心（零售） 电话：(010) 88383994、63202643、68545874 全国各地新华书店和相关出版物销售网点
排　　版	中国水利水电出版社微机排版中心
印　　刷	三河市鑫金马印装有限公司
规　　格	184mm×260mm　16 开本　8.5 印张　157 千字
版　　次	2016 年 7 月第 1 版　2016 年 7 月第 1 次印刷
印　　数	0001—1500 册
定　　价	**32.00 元**

前言

　　路面材料如沥青混合料、水泥混凝土均是由几种不同材料组成的复合材料，复合材料介电常数与其组成成分介电常数及体积率有关，也与电磁波频率、环境温度等因素有关。通常将描述复合材料介电常数与其成分介电常数及体积率、频率和温度等参数之间的函数关系式，称为介电模型。若能建立复合材料介电模型，根据电磁无损检测技术测试的介电常数可计算各成分的体积率，实现沥青混合料空隙率、沥青含量、压实度和水泥混凝土配比、含水量等质量指标的检测。因此，水泥混凝土和沥青混合料介电模型的建立是应用电磁波技术进行路面材料质量检测的前提和基础。

　　国内外学者曾对不同复合材料的介电特性进行研究，建立了多种介电模型，但针对水泥混凝土和沥青混合料的研究较少，且大多介电模型没有考虑温度和频率的影响，这样会造成不同频率测试仪器在不同时间、不同温度条件下测出的数据不能共享和对比。针对上述问题，本书在电磁波理论的基础上，根据各自的结构特点，采用理论和试验相结合的方法，分析了两种路面材料介电特性和主要影响因素，建立了考虑频率、温度的综合介电模型，并应用于工程实践。

　　本书共6章。第1章为绪论，叙述研究背景、研究现状和研究内容；第2章为复合材料介电特性基本理论，主要介绍复合材料极化机制、复合材料介电模型、影响介电特性的主要因素和频域内测量介电常数的方法和仪器设备；第3章为水泥混凝土介电特性分析和介电模型研究，从理论上进行了介电模型的推导，应用矢量网络分析仪搭载同轴探头进行介电特性试验，依据试验成果建立考虑频率、温度综合介电模型；第4章为沥青混合料介电特性分析和介电模型研究，主要包括理论模型的建立，频率和温度影响规律的分析，依据试验规律建立了考虑频率、温度的综合介电模型；第5章为综合介电模型的工程应用，在介电模型基础上，建立了质检指标的计算方法，分别进行了水泥混凝土结构层厚度、含水量的计算，以及沥青混合料含水量和各成分体积率的计算；第6章为结论与展望。

　　有关院校和科研机构的专家对本书提出了宝贵意见，在此向他们以及本书所引用参考文献的作者表示衷心的感谢。本书的研究工作得到了高等学校博士学科点专项科研基金课题"复合材料介电常数模型研究"（项目号：20114101110002）的资助，在此表示衷心的感谢。

　　由于作者水平有限，书中难免有不足之处，敬请读者批评指正。

作者
2016 年 3 月

目录

1　绪论

1.1　研究背景

　　路面是汽车车辆荷载的直接受载体，其质量好坏影响着路面的使用性能、服务水平和使用寿命等方面。近年来，随着交通量的猛增和重车比例的增加，路面出现过早破坏的工程实例屡见不鲜，通车不久之后产生裂缝、发生沉陷等破坏情况，影响了交通的舒适性和耐久性。分析其过早破坏的根由，大都与设计不合理、材料配比不科学、施工质量不合格等因素有关[1]，且主要是由于施工质量不合格所致。这主要是因为：当人们发现路面结构设计和材料配比有问题时，产、学、研等相关部门会投入大量的人力物力进行研究分析，并相继将研究成果应用于工程实践中加以改善，使得因设计不合理、材料配比不科学导致的工程问题大量减少，往往受很多随机不确定因素的影响，而对施工过程管理和施工质量缺乏深入系统的研究。这样一来，即使路面设计合理、混凝土配比科学，若没有良好的施工，也难以达到预期目标。就沥青混合料而言，其压实度、空隙率、沥青含量等技术指标难以达到规范要求；就水泥混凝土路面而言，材料配比、结构层厚度和强度以及含水量等技术指标难以满足规范要求，从而影响路面的正常使用。比如，若沥青混合料的压实度不够，空隙率相应增加，水和空气很容易在面层内积聚，在车辆荷载作用下会产生孔隙水压力，导致骨料之间开裂，尤其在冻融循环作用的条件下会出现裂缝或沥青剥落。水和空气的入侵也会加快沥青氧化的速度，使材料变脆，强度降低，使用寿命缩短。若路面空隙率较大，在雨天路面排水不畅时，路面积水极易透过面层达到基层和路基，使基层和路基变软，当车辆通过时，面层会因刚度不足变形过大而产生破坏。此外，对柔性路面来说，除压实度和空隙率外，沥青含量也是影响路面面层性能的一项重要参数，其值过大或过小均会导致病害的过早出现，沥青含量过多，易出现车辙；过少，骨料不能很好地黏结在一起形成承重骨架。由此可见，沥青混合料压实度、空隙率、沥青含量和水泥混凝土路面材料配比、结构层厚度和强度以及含水量等是影响路面结构性能和使用性能的重要因素，实际施工中，应加强检测这些参数，做好施工质量控制，以确保路面具有良好的施工品质，达到预期设计目标。

目前，对这些指标的检测手段主要依赖于传统的有损方法，例如，沥青路面压实度是指按规定方法钻孔取芯，所取芯样的实际密度与标准密度之比，以百分率表示。从定义可看出，压实度常用的测量方法是钻孔取芯法，先从已施工成型的面层中钻取芯样，再根据沥青混合料的类型，相应采用表干法、水中重法、蜡封法或体积法等方法测量实际路面的密度，最后与实验室内马歇尔试件标准密度进行对比，从而得到沥青路面的压实度。诸如钻孔取芯这样的传统检测方法大多具有测点少、代表性差、测量速度慢等缺点，与公路建设的快速发展不相适应[2]。

近年来，基于电磁波传播原理的无损检测技术的使用很好地弥补了上述方法的缺陷，越来越多地应用在路面工程的质量检测中。电磁无损检测技术种类很多，具有代表性的有以下几种。

1. 探地雷达（Ground Penetrating Radar，简称 GPR）

探地雷达是基于电磁波传播原理进行探测的，工作原理如图 1.1 所示[3,4]，由天线向待测介质中发射高频脉冲电磁波，在介质介电特性变化界面上，会发生反射，分析回波信号的相关信息（如时延、振幅及频谱特性等）来计算介质的介电常数，从而分析和推断目标体的性质、位置、结构及所处的状态等[5]。

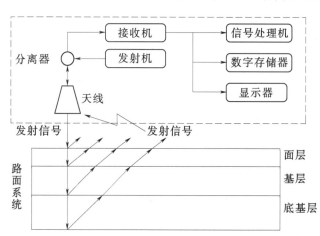

图 1.1 探地雷达系统（单基）

目前，探地雷达已成为地下浅层勘探的重要工具之一[6]。在路面工程中，主要用于结构层厚度测量和刚性路面的脱空识别等，也曾尝试应用该技术进行沥青混合料压实度、空隙率等质检指标的无损检测[7]，但测量效果不尽如人意，值得进一步深入研究和分析。

探地雷达所用电磁波频率需要根据探测深度的不同进行选择，探测深度越大，所选频率应越小，对于路面质量检测这样的浅层勘探，一般所用频率在

500MHz～2.5GHz 范围内。

2. 时域反射法（Time Domain Reflectometry，简称 TDR）

时域反射法是 20 世纪 60 年代末出现的确定介质介电行为的一种方法，该方法是通过测量电磁波波速进而测定介质的介电特性，具体如图 1.2 所示[8]。电磁脉冲波由传输线（Transmission Line）传送出去，进入同轴电缆及感测器中，将待测材料作为感测器的介质，利用反射信号测量材料的介电常数和电导

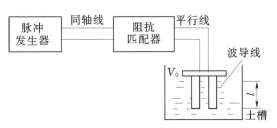

图 1.2 TDR 测试原理示意图

率，进而推估材料的基本物理性质，如土壤含水量、密度、颗粒组成和种类等。

TDR 所用的频率范围从 1MHz 到几吉赫兹，主要应用在遥感和大地工程领域土壤物理性质的测量。

3. 矢量网络分析仪法（Vector Network Analyzer，简称 VNA）

网络分析仪有两种类型：矢量网络分析仪和标量网络分析仪两种。标量网络分析仪只能测量幅频特性，不能测量电磁波的相位信息；矢量网络分析仪不仅能测量电磁波的幅频信息还能测量相位信息，因为测量信息较多，在工程中应用较广。

矢量网络分析仪一般包括四部分：信号源、信号分离器、接收机及信号处理和显示系统。信号源是用来提供入射信号的；信号分离器是将入射波、反射波和传输信号分离开来；接收机主要是接收信号；信号处理和显示系统的功能是对接收的信号进行处理并显示。

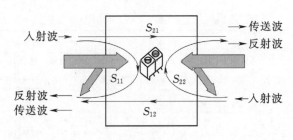

图 1.3 矢量网络分析仪的测试原理示意图[9]

矢量网络分析仪的工作原理如图 1.3 所示，通过信号源向待测介质发射入射波，入射波 部分碰到待测介质会反射回来，另一部分继续以传输波的形式向前传播，通过测量全部的 4 个 S 参数或部分 S 参数进行待测介质介电常数、电导率等参数的计算[9]。

矢量网络分析仪测量介电常数的方法很多[10]，其中包括传输线技术（Transmission Line）、共轴探头测量技术（Coaxial Probe）、谐振腔技术（Resonant Cavity）、自由空间技术（Free Space）、开式谐振腔技术（Open

Resonator)、平行平板技术（Parallel Plate）等。不同测量技术所用的频率范围和对被测介质的介电损耗要求不同，详见图 1.4；各测量方法的比较见表 1.1。

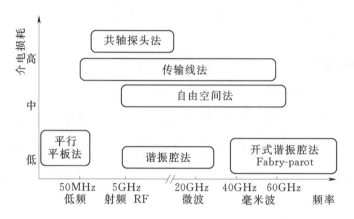

图 1.4 测量技术示意图[10]

表 1.1 **各 测 量 方 法 比 较**[10]

技术名称	准确性（Typically Accurate）	样品描述	使用
平行平板	$LF\varepsilon_r=\pm1\%$，$\tan\delta=\pm0.005$；$RF\varepsilon_r=\pm8\%$	平面，光滑，薄片	复杂
共轴探头	$\varepsilon_r=\pm5\%$，$\tan\delta=\pm0.05$	液体，有光滑表面固体，非破坏性	简便
传输线	$\varepsilon_r=\pm(1\%\sim10\%)$	固体样品形状精确，破坏性液体、气体要有一定容器	复杂
谐振腔	$\varepsilon_r=\pm(0.25\%\sim0.4\%)$，$\tan\delta=\pm0.00002$	固体样品形状精确，破坏性	复杂，单一频率
自由空间	$\varepsilon_r=\pm(1\%\sim5\%)$，$\tan\delta=\pm0.005$	断面面积大，平行平面，薄片，非接触，非破坏性，适于高温测量	复杂

与其他测试方法相比，终端开路同轴探头技术测量简便，测试频率范围较广，对待测介质试件的形状、尺寸等方面要求不多，试件容易制作，并且按照其他方面性能测试的要求来制作试件，具有较强兼容性。

综合分析以上几种方法并结合学校试验室的具体条件，本书采用 Agilent E5071C 矢量网络分析仪，搭载终端开路同轴探头（Open-Ended Coaxial Probe），如图 1.5 所示，联合相关软件进行混凝土介电常数测量，该方法是利用网络分析仪产生的电磁波通过同轴线缆和探头传到试件内，测量试件末端反射信号的相位和振幅，进行散射参数的测量，再利用相关软件由散射参数计算复介电常数的实部和虚部，并作为最后的输出记录下来[11]。

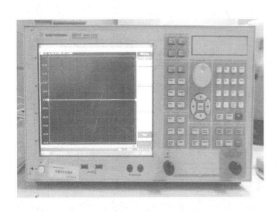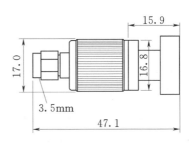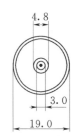

图 1.5　网络分析仪（Agilent E5071C）和终端开路同轴探头（单位：mm）

当应用上述基于电磁波原理的无损检测技术对路面材料进行测试时，从反射信号中获取的最初和最基本的参数就是介电常数，介电常数是描述介质在电磁场中极化性质的参数，与介质内部结构、组成成分以及组成成分所占的体积率有关，同时还受到测试电磁波频率、环境温度等因素的影响。"描述这种多相复合材料介电常数与其组成成分、介电常数及其所占体积率等参数之间的函数关系，称为复合材料的介电模型"[5]。若能建立复合材料介电模型，结合其他检测手段，就可根据实测的介电常数计算出组成材料的体积率，相应地实现对路面结构层厚度、材料配合比、压实度等重要技术指标参数的检测[1]。

由此可见，路面复合材料（水泥、沥青混合料）介电模型的建立是利用电磁无损检测技术对材料配比、压实度、空隙率、含水量/沥青含量等重要技术指标检测的基础和关键技术之一；介电模型的建立将会大大拓宽电磁无损检测技术的工程应用领域，为已建道路的维修防护和待建道路建造过程中的质量监控等工程实践环节提供依据和参考，对其以后的理论研究和工程应用皆有裨益。

1.2　研究现状

水泥混凝土可视作由骨料、空气、水和水泥形成的水泥净浆组成的复合材料；沥青混合料是由骨料、空气和沥青组成的复合材料。针对复合材料介电常数与质检指标间关系的研究大致分为两个方面：①介电常数与指标参数的经验拟合公式；②介电模型，描述各相介质介电常数及体积率与混合物整体介电常数的关系。下面结合相关文献，分别叙述上述两方面的研究进展。

1. 介电常数与指标参数的经验拟合公式

这方面的研究工作最早是针对土壤这一复合材料进行的。1964 年，苏联学者 Chernyak G. Ya. 撰写了《湿土介电特性研究方法》[12]（Dielectric Methods for Investigating Moist Soil）一书，该书对含水土壤的介电特性做了全面地研究分析，使人们首次对土壤的介电物理行为有了系统性的认识。

1980 年，加拿大农业土地资源研究中心的 Topp 利用 TDR 方法测定水土混合物的介电常数，并由此得到了反映土壤含水率 ω 和介电常数 ε 之间关系的两个回归多项式方程，即著名的 Topp 方程[13]。

在 Topp 等人研究工作的基础上，美国农业部盐碱实验室的 Dalton 等人研究了电导率与土壤盐分之间的关系，可通过测量土壤电导率来估计土壤的盐分[14]。Alharath 和 Ferre 先后对粉砂、细砂性土介电常数与含水率之间的关系进行了试验研究，提出了各自的公式。后来，Roth 在他们两人基础上进行适当修正，使得公式的应用拓宽到了砂性土[15]。

借鉴土壤方面的研究思路，国内外学者相继开展了路面结构层材料介电特性研究工作，最先提出应用 GPR 测试的介电常数来计算基层含水量和压实度的是 Texas A&M University 的 Robert L. Lytton 教授，之后许多国家的学者也进行了研究，而且率先对含水量和压实度的相关内容运用了 GPR 技术[16-18]。

国外，为分析水泥混凝土的介电特性，1994 年 Virginia Tech 开展了关于水泥混凝土组成成分、氯化物含量、内部损伤、冻融现象等因素对介电常数影响的研究工作，得到了水灰比越大介电常数越大等一系列重要结论[19]。1995 年，Robert 等学者采用大型宽带同轴测量技术对水泥混凝土介电特性进行试验测试，所用频率范围为 0.05～1GHz，研究了介电常数随龄期的变化规律。1998 年，Rhim 对 0.1～20GHz 频率范围内混凝土的含水量与介电常数的关系进行了试验研究。关于热拌沥青混合料的介电性能，1992 年，Al - Qadi 研究了沥青混合料在 12.4～18GHz 频率范围内的介电性能，基于试验数据，建立了热拌沥青混合料介电常数和含水量之间的相关关系[20]。1999 年，Shang 等采用一种新型装置测量了热拌沥青混合料介电常数，所用频率范围为 0.1MHz～1.5GHz，研究发现沥青含量和拌和方式对沥青混合料的介电常数影响不大，而含水量对介电常数影响较大。

国内，为分析水泥混凝土介电特性和影响因素，武汉理工大学先后利用探地雷达测量新拌水泥混凝土的介电常数，并结合试验分析了矿物掺和料、温度、骨料、含水量等因素对介电常数的影响，建立了含水量与介电常数之间关系式，可由介电常数计算新拌混凝土含水量[21]；郑州大学也先后对水泥混凝土介电性能进行了试验和理论研究，文献中主要分析了不同龄期时介电常数变化规律、密度、强度、水灰比、骨料级配等参数对介电常数的影响规律[5,22,23]。

此外，文献针对隧道衬砌混凝土介电常数随频率的变化进行了研究[24,25]，初步得到了水泥混凝土频散特性方面的规律，给本书类似工作的开展提供了参考。

沥青混合料方面，国内学者也做了大量工作。郑州大学对沥青混合料介电性能进行了试验和理论研究，文献中主要分析了沥青混合料介电常数随时间变化规律，强度、油石比、骨料级配等参数对介电常数影响[5,26]。台湾学者先后对流动性沥青混合料的介电和工程性质进行了研究[27,28]。2008 年，台湾成功大学吴资彬对沥青混合料材料的介电特性进行了深入的研究，发现电磁波频率、温度、空隙率、水分等因素对沥青混合料的介电常数都会产生影响，并建立了沥青混合料介电特性与密度等工程性质之间关系[5,29]。

综上所述，介电常数与某一指标之间的关系大多是基于各自试验数据提出的经验拟合公式，缺少理论依据。因为其涉及的参数较少，关系式简单，所以在工程上也有一定的应用。但由于实验方法、测量仪器、试件材料、配比等方面的不同也导致了经验拟合公式的多样性，很不统一，难以相互比较。此外，拟合函数类型不同也导致公式大相径庭，可比性差，人为因素干扰较多，公式代表性和适用性差。

2. 复合介电模型

国外对复合材料介电模型方面的研究较早，先后提出了许多介电模型，部分模型曾经被一些学者加以归纳总结，在各自所研究领域已进行了部分模型应用效果的检验，如经典的瑞利模型[30]，Böttcher 方程、复折射率方法（CRIM），都是在 Lichtenecker-Rother（LR）方程的基础上发展而来[31]。1974 年，CRIM 模型被 Birchak 等人应用于两相色散介质中，用来模拟复介电常数，模型的使用条件要求介质粒径远小于波长（$d \ll \lambda$）[32]。1980 年，Wharton 等用复折射率方法来解释油、气体的复合介电模型。1999 年，该模型被 Boersma 和 van Turnhout 修正并拓展到多相材料中。Leshchanskyi 和 Ulyanychev 在 1980 年成功地应用 Berentsveig 公式进行 100MIIz～9GHz 范围内砂土的介电常数模拟；Bruggeman-Hanai（BH）模型是 Bruggeman 在 1935 年由介电常数定义推导得到，1936 年，Hanai 修正了 Bruggeman 方程后用于含有限导电材料的介电常数模拟[5,33]；其中，CRIM 模型、线性模型、瑞利模型被广泛应用于路面材料领域。

国内对复合材料介电特性的研究主要集中在遥感[34-37]、大地工程[38-41]、工程勘测和石油测井等领域[42-45]，研究材料多为土壤、水、矿物岩石等典型天然地物[46-50]。

对水泥混凝土介电模型的研究可以追溯到 20 世纪五六十年代，伴随着非均质介质的介电模型的相继出现，越来越多的模型被应用于水泥混凝土介电模型的研究。考虑到各相介质介电特性之间的相互影响，国外，Hilhorst 于 1998 年提出了包含极化参数 S 在内的介电模型[51]；在 1974 年 Birchak 所建指数模型的基础上，Zakri 于 1998 年给出了指数模型的物理解释，使该介电模型理论更完整[52]。国内郑州大学利用介电常数仪对水泥混凝土的介电特性进行了实验分析，尝试将线性模型和均方根模型、立方根模型应用在水泥混凝土方面，试验研究表明，上述三种模型需要修正后才适于水泥混凝土；中国海洋大学学者研究发现：渠道衬砌混凝土在浇筑 15d 内，介电常数变化规律符合线性模型；15d 后实测值接近平方根模型[53]，但也需修正，试验采用探地雷达测试，天线中心频率为 1.5GHz；武汉理工大学学者用 1.5GHz 探地雷达对新拌混凝土拌和物的介电常数进行测试和分析，并建立了考虑温度因素在内的串-并联混合模型[21]。

针对沥青混合料介电模型的研究国内外也有些成果，具有代表性的是：1993 年 Subedi 和 Chatterjee 针对沥青-粒料混合物并根据实验数据建立的沥青混合料介电混合模型，被称为 SC 模型，该模型认为混合物介电性质一方面受各成分介电性质的影响，另一方面受各成分间相互极化作用的影响[54]；文献[23] 曾在该模型基础上进行了改进工作；国内郑州大学对沥青混合料的介电模型进行了试验研究，研究发现：线性模型和均方根模型、立方根模型均需修正后才适于沥青混合料，试验采用的介电常数仪测量介电常数；文献 [49] 利用 GPR 进行介电常数测量，探讨了现有模型在描述沥青混合料介电特性的适用性，初步结果显示：修正后线性模型拟合结果较好，但试验数据较少，代表性差[55]。

由上述文献综述可以看出，目前国内外对路面结构层材料介电特性和介电模型的建立做了研究工作，但同时也存在以下一些问题。

（1）关于沥青混合料、水泥混凝土两种路面材料的介电模型研究较少，虽然介电模型不少，但大都是基于一定假设而建立的，并非针对沥青混合料、水泥混凝土两种路面材料。鉴于这两种路面混凝土材料都是人造石材，有其自身的材料及结构特点，不同于岩石、土壤等自然界物质，因此需要根据水泥混凝土、沥青混合料各自的结构特点，通过分析其介电常数与组成成分、介电常数和体积率的关系，确立合适的介电混合模型。

（2）上述大多文献分析介电模型时没有考虑温度、频率等因素的影响。而实际上，由能量与熵的理论可知：温度增加会影响介质分子间排序进而影响极化改变介电常数。此外，由电磁波基本理论知：介质都有一定的频散特征，介电常数随电磁波测试频率的不同而不同。实际工程测量时，若不考虑环境温度和电磁波测试频率的影响，会造成由不同频率的测试仪器在不同时间和不同环境温度条件下测试出的数据不能共享和进行对比分析。若忽略两者的影响，势必会造成一定的误差，影响测试精度。因此建立介电模型时需综合考虑温度、频率影响，并探讨温度和测试频率对水泥混凝土和沥青混合料介电特性的影响规律，在此基础上，建立两种复合材料含频率和温度在内的介电模型。

（3）上述文献中，所用测试频率随着测量方法的不同也不尽相同，路面结构体系的质量检测属于浅层勘探，常用到的电磁波频率较高，大多在500MHz～2.5GHz范围内，如路用探地雷达，因此在此频率范围内，分析沥青混合料、水泥混凝土的介电性能和建立介电模型具有重要的工程应用价值。

（4）基于介电模型进行沥青混合料空隙率、含水量、压实度和水泥混凝土厚度、材料配比、含水量等指标的检测成果较少，其应用工程实例也罕见，该方法的可行性和效果有待研究和论证。

1.3　研究内容

为解决上述电磁无损检测技术中存在的主要问题，本书针对路面工程常用的水泥混凝土和沥青混合料两种材料进行介电特性和介电模型研究，研究工作拟采取的主要技术路线如图1.6所示。

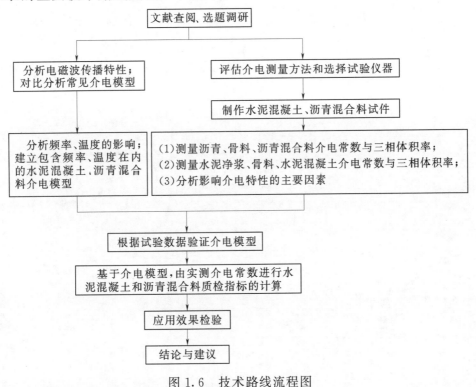

图1.6　技术路线流程图

本书基于电磁波基本理论以及复合材料介电性能的一般规律，结合水泥混凝土、沥青混合料各自的特点，从理论上分析其介电性能和影响因素，包括电磁波频率、温度的影响，探讨温度和测试频率对水泥混凝土和沥青混合料介电特性的影响规律，建立综合考虑频率、温度的水泥混凝土和沥青混合料介电模型。

为分析两种复合材料的介电性能和验证理论模型，对水泥混凝土和沥青混合料的介电性能进行了室内试验研究，应用矢量网络分析仪搭载同轴探头测量了水泥净浆、骨料、水泥混凝土、沥青、沥青混合料的介电常数。同时，联合其他相关测试方法测定或计算各成分体积率，如由含气量测定仪测量试件空隙率。基于试验数据分析了影响两种复合材料介电性能的因素，检验理论介电模型的拟合效果和精度，并确定模型中的待定常数。

为了能将所建的综合介电模型应用于工程实践，本书基于水泥混凝土介电模型，建立了结构层厚度、含水量的计算公式，并结合相关参数和实测介电常数进行了结构层厚度、含水量的计算；由沥青混合料介电模型和实测介电常数进行含水量和成分体积率的计算，并分别与各自的实测值进行比较分析，通过实际工程应用来考核两种复合材料介电模型的应用效果和精度，进一步验证该技术可行性。

2 复合材料介电特性基本理论

2.1 复合材料极化和介电常数

2.1.1 极化与介电常数

复合材料（composite materials）是由两种或两种以上不同材料通过物理或化学方法加工而成的具有新性能的材料，通常将具有黏结作用的组成材料称为基体（Matrix）；起骨架作用的材料叫做增强体（reinforcement），基体和增强体在性能上互补长短，协同作用，使复合材料的综合性能优于原组成材料从而满足一定的使用要求。

混凝土一般是指由胶凝材料（胶结料），粗、细骨料（或称集料）及其他材料，按适当比例配制并硬化而成的具有所需的形状、强度和耐久性的人造石材。

以水泥和水形成的水泥净浆为胶凝材料形成的混凝土，称为水泥混凝土（cement concrete），如图 2.1 所示。在水泥混凝土中，砂、石起骨架作用，因此也称为骨料。水泥和水形成水泥净浆，包裹在骨料表面起黏结作用，硬化后

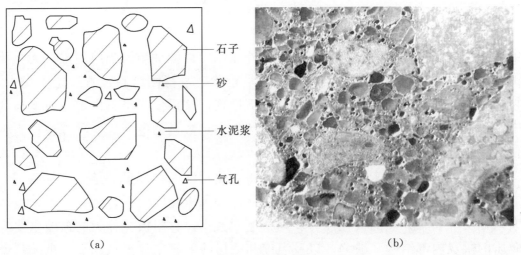

（a）　　　　　　　　　　　　（b）

图 2.1　水泥混凝土结构

（a）示意图；（b）实物图

形成具有一定强度的建筑材料，从复合材料的角度，可将水泥混凝土视作一种特殊的复合材料。

若是以加热的沥青为胶凝材料形成的混凝土，称为沥青混合料（asphalt concrete or bituminous concrete），如图 2.2 所示。沥青混合料是将经人工选配具有一定级配组成的矿料与一定比例的沥青材料，在严格条件控制下拌和轧制而成的混合料，在沥青混合料中，石子起骨架作用，热拌沥青作为胶凝材料，包裹在集料表面起黏结作用并将混合物形成坚固整体，用来承受车辆荷载，因此沥青混合料也可视作一种特殊的路面复合材料。

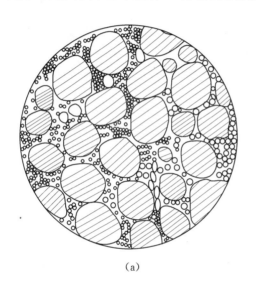

（a）   （b）

图 2.2 沥青混合料结构
（a）示意图；（b）实物图

材料在没有外加电场的环境中，其内部结构按照同号电荷相互排斥、异号电荷相互吸引的原则进行电荷分布，对外显示中性的性质。当应用电磁无损检测技术对上述两种路面复合材料进行质量检测时，待测材料被置于电磁场中，材料内部电荷受外加电场的作用将会重新排列，这样使得材料内部正负电荷的中心位置不能继续重合，且在介质表面产生一定数量的电荷，这种现象称为极化（Polarization）[56]。

物理学科中，用来描述和反映电介质极化特性的物理量就是介电常数，介电常数随着介质的极化能力的强弱而变化，如果极化能力强，则其介电常数值大；相反，如果介质的极化能力弱则介电常数小。材料极化能力的强弱主要与介质的微观内部结构、缺陷，以及温度和电磁波的频率等息息相关，也就是说介电常数会随着温度、频率、内部结构以及介质本身的缺陷等因素的变化而改变，例如：复合材料的介电常数不仅与组成成分的介电常数和体积率有关，而且还与它们的几何形状、排列方式、温度以及电磁波频率等因素相关。

不同的介质，因其内部结构不同，在不同的外加电场作用下，极化发生的方式也不同，即极化机制不同。下面就四种常见的物理极化机制做一下简要介绍，分别是电子极化（Electronic Polarization）、离子极化（Ionic Polarization）、电偶极极化（Dipolar Polarization）、空间电荷极化（Space Charge Polarization）。极化发生的物理机制如图2.3所示。

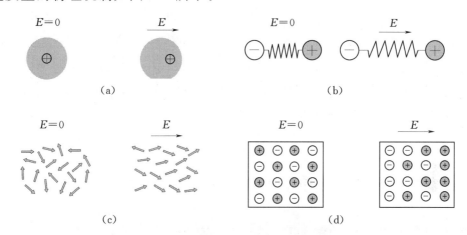

图 2.3　四种介电极化机制示意图

(a) 电子极化；(b) 离子极化；(c) 偶极子极化；(d) 空间电荷极化

1. 电子极化

在外加电场作用下，电子相对于原子核发生位移，造成介质内部正负电荷分离而形成极化，如图2.3（a）所示。外界电场撤离后，电子极化消失，即电子极化只有在外加电场下才会存在。因所有物质都是由原子组成，故电子极化为所有物质共有的特性，此极化又称为原子极化。

2. 离子极化

离子极化是离子键结的介质在外加电场作用下，其阳离子中心（正电荷）与阴离子中心（负电荷）将发生电荷分离，产生极化，如图2.3（b）所示。去除电场后离子极化也将消失，因此离子极化与电子极化又称为感应极化。

3. 偶极子极化

偶极子极化又称为电偶极极化，发生的原因是原子或离子中原存在不平衡电荷分布，这种具有固有偶极矩的不对称结构，如极性分子材料，在外电场作用下，偶极将顺着电场的方向排列，产生一最大的饱和极化量，如图2.3（c）所示，由于本身为永久偶极，所以只要它们之间的交互作用力足够强，当电场撤去后，将存在一定的残余极化量。

4. 空间电荷极化

空间电荷极化产生的原因是由于可移动电荷或非出自一电极之电荷，受界面阻碍或材料约束造成的，常发生在材料表面或晶格、杂质等界面上，在外加电场作用下产生极化，如图 2.3 (d) 所示。复合材料在电场作用下常发生此种极化。

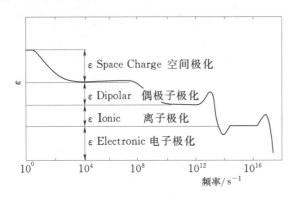

图 2.4 极化机制的频率相关性[57]

由上面的极化机制可知，某物质产生何种极化与物质内部结构有关，此外，还与所用电磁波的频率有关，如图 2.4 所示。上述四种极化机制所对应的频率范围不同，从图中可以看出各极化机制有其不同的截止频率（Cut-off Frequency），所谓的截止频率指的是当外加电磁场频率大于某一极化机制的截止频率时，此极化机制会因惯性作用而跟不上外加频率的变化，从而丧失该极化机制的贡献，使材料的介电常数下降[57]。电子极化对应的截止频率约为 $10^{16} \sim 10^{18}$ Hz，离子极化约为 $10^{12} \sim 10^{14}$ Hz，电偶极极化约为 10^8 Hz，而空间电荷极化约为 10^4 Hz。

因为极化与电磁波的频率和材料的内部结构都有关，所以对于非极性材料，只会发生电子极化和离子极化，而这两种极化频率大于 1THz（10^{12} Hz），因此在本书频率范围内（500MHz~2.5GHz），一些非极性材料（如空气、沥青等）的介电常数随频率变化不大。而极性材料，如水，除发生电子极化和离子极化外，还有电偶转向极化等，因此其介电常数大，且极化频率较小约为 10^8 Hz，因此在本书频率范围内（500MHz~2.5GHz）水泥混凝土，因水的存在，其介电常数随频率变化较大。

在电场作用下束缚电荷起主要作用的物质，称为电介质[58]，其主要特征：以正、负电荷重心不重合的电极化方式传递、存储或记录电的作用和影响，且起主要作用的是束缚电荷。譬如水泥混凝土、沥青混合料这种不导电的、由几种材料组成的复合材料，又可称为复合电介质。

电介质的介电性能（dielectric properties）是指在外电场作用下介质对电能的储蓄和损耗的性质，通常介电常数（permittivity 或 dielectric constant）用 ε 表示，单位为法拉第/米（F/m）；电导率（conductivity）用 σ 表示，单位为西门子/米（S/m）；磁导率（magnetic permeability）用 μ 来表示。这三个物理参数的含义分别为：介电常数 ε 定义为原外加电场（真空中）与最终介质中电场比值，因为介质在外加电场时会产生感应电荷而削弱电场，用来表征电介质的极化特性，电介质极化性能越强，介电常数则越大；电导率 σ 为电阻率的倒数，用来表征电介质的导电特性，电导率越大则导电性能越强，另外 σ 还决定电磁能量在电介质中的损耗；磁导率 μ 定义为磁介质中磁感应强度与磁场强度之比，表征磁化特性的物理量。

对于水泥混凝土、沥青混合料等这些常用的非磁性路面材料，其磁导率 μ 近似为 1，介电常数和电导率可用下面引入的相对复介电常数（relative complex permittivity）综合表达：

$$\tilde{\varepsilon}_r = \varepsilon'_r - j\varepsilon''_r = \frac{\varepsilon}{\varepsilon_0} - j\frac{\sigma}{\omega\varepsilon_0} = \varepsilon'_r(1 - j\tan\delta) \tag{2.1}$$

式中　$\tilde{\varepsilon}_r$——介质的相对复介电常数，无量纲；

　　　ε_0——真空的介电常数，F/m，$\varepsilon_0 = 8.854 \times 10^{-12}$ F/m；

　　　ε——介质的介电常数，F/m；

　　　σ——介质的电导率，S/m；

　　　ω——电磁波角频率，rad/s；

　　　ε'_r——复相对介电常数实部（介电常数），反映介质的储存电荷的能力；

　　　ε''_r——复相对介电常数虚部（损失因子），描述材料中能量的损失；

　　　j——虚数单位符号，$j = \sqrt{-1}$；

　　$\tan\delta$——损耗角正切，$\tan\delta = \varepsilon''_r/\varepsilon'_r$。

从式（2.1）可看出，相对复介电常数是一个无量纲的复数。实部 ε'_r 表征电介质对电磁波的存储效应，ε'_r 会影响外电场在电介质中的传播，也影响电磁波在电介质中的传播速度；而虚部 $\varepsilon''_r = \sigma/\omega\varepsilon_0$ 表征电介质对电磁波的损耗能力，一般称为损耗因子。产生损耗的原因是：电介质内部由于外电场的施加导致大量的束缚电荷向着相反的方向发生移动，这种移动会产生摩擦，从而转化为热能，转化的多少就用损耗因子 ε''_r 来度量。

常见路面材料的介电常数值见表 2.1，不同类型沥青的介电常数值见表 2.2。像沥青混合料、水泥混凝土这些材料的电导率 σ 较小，因此要研究路面材料的介电特性，介电常数成为最为关键的参数。没有特别说明，本书所说的介电常数仅指复介电常数的实部。

表 2.1　　　　　　　　　不同材料的介电常数值[59]

材料	ε'_r	材料	ε'_r
空气	1	水	80
橡胶	2~4	土壤（干燥）	2.4~2.9
玻璃	3.5~14.5	砂（干燥）	5
尼龙	3.4~22.4	石英	4.2
波特兰水泥	2.5~2.6	聚乙烯	2.5
沥青	2.5~3.2	聚苯乙烯树脂	2.4~2.6

表 2.2　　　　　　　　　　　　沥青材料的介电常数值[60]

材　料	ε_r'	频率	参考文献	附　注
沥青混合料	4～10	未说明	Design Manual for Roads and Bridges，2006	
干沥青混合料	2～4	100MHz	Daniels，2004	在主要 GPR 参考文献中提供介电特性典型范围
湿沥青混合料	6～12			
沥青混合料	3～6	未说明	Willet 和 Rister，2005	肯塔基州运输中心 GPR 指南文件
热拌沥青混合料（不同混合物）	3.5～10	未说明	Davis 等，1994	现场研究，使用来自芬兰、美国、加拿大 GPR 数据
热拌沥青混合料（不同混合物）	4～4.9	500～2000MHz	Al-Qadi 等，2005	现场研究，安置铜板在沥青铺面中并利用反射系数来计算
沥青混合料（4%沥青黏结料＋细粒料）	3.8～4.4	11GHz	Jaselskis 等，2003	实验室研究，使用微波检测装置（非 GPR）测量
沥青混合料（4%沥青黏结料＋粗粒料）	6.5～6.7			
沥青混合料（8.4%沥青黏结料＋细粒料）	4.75			
沥青混合料（8.4%沥青黏结料＋粗粒料）	5.7～6.3			
干沥青混合料	6.0±0.15	800～900MHz	Shang 等，1999	实验室研究，以含水量为控制因子
浸湿沥青混合料（含水率0.25%～1.25%）	6.52±0.99			
干沥青混合料	5.5～6.1	100MHz	Shang 和 Umana，1999	实验室研究，使用客制化测量装置（非 GPR）测量
湿沥青混合料	6.1～6.8			

　　介电损失（Dielectric Loss）是描述介质在交流电场下的介电行为，当电偶极的反转落后电场频率的变化时，电场的能量便不会全部利用在极化效应上，而有部分能量转变为热能消失。当外加电场加于介电材料时，电流相对于电场电压产生落后的相位差 δ，从而有介电损失 $\tan\delta$ 的产生。介电损失可以用介电常数虚部与实部的比值表示：

$$\tan\delta = \varepsilon_r'' / \varepsilon_r' \tag{2.2}$$

　　从上述定义式可以看出：介电损失可以视为每一周期消耗在介质中的能量与存储能量的比值。从物理学来看，介质之所以产生介电损失的原因有两个：

极化滞后和介电漏电。极化滞后使得部分能量使用在强迫偶极矩转动上，变为热能消耗掉，因此导致介电损耗的产生。介电漏电亦会使材料发热，而消耗电能。如果材料的介电损失越大，其介电特性就越差。

由式（2.1）可知：电磁波在损耗介质中传播时，因传导电流通过时的介电损耗而发生衰减，且电导率和介电虚部以及损耗之间存在如下关系：

$$\sigma = \varepsilon'' \omega = (\varepsilon' \tan\delta)\omega = (\varepsilon'_r \varepsilon_0 \tan\delta)\omega = (\varepsilon'_r \varepsilon_0 \tan\delta)2\pi f \qquad (2.3)$$

式中　f——电磁波频率，Hz。

由上式可知：介质的电导率和介电常数一样并非定值，它随着频率、温度、含水量以及复合材料的材料成分不同而改变。

2.1.2　电磁波的传播特性

电磁波在无限大有耗介质中传播时，电磁场满足的 Maxwell 方程为

$$\frac{\partial^2 E}{\partial z^2} = -(\omega^2 \mu\varepsilon - j\omega\mu\sigma)E \qquad (2.4)$$

式中　E——电场强度，V/m；

　　　ω——角频率，rad/s；

　　　μ——磁导率，H/m；

　　　ε——介电常数，F/m。

由式（2.4），可得其解为

$$E = E_0 e^{-kz} \qquad (2.5)$$

式中　E_0——电场矢量的振幅；

　　　k——传播常数，且

$$k = \sqrt{\omega^2 \mu\varepsilon - j\omega\mu\sigma} = \alpha + j\beta \qquad (2.6)$$

从上式可知，传播常数只决定于电磁波的频率和介质特性。如果将 k 的实部和虚部分开，可得衰减常数 α 和相移常数 β 分别为

$$\alpha = \left(\frac{\omega^2 \mu\varepsilon}{2}\right)^{1/2} \left\{ \left[1 + \left(\frac{\sigma}{\omega\varepsilon}\right)^2\right]^{1/2} - 1 \right\}^{1/2} \qquad (2.7)$$

$$\beta = \left(\frac{\omega^2 \mu\varepsilon}{2}\right)^{1/2} \left\{ \left[1 + \left(\frac{\sigma}{\omega\varepsilon}\right)^2\right]^{1/2} + 1 \right\}^{1/2} \qquad (2.8)$$

由式（2.7）和式（2.8），式（2.5）可改写成

$$E = E_0 e^{-\alpha z} e^{-j\beta z} \qquad (2.9)$$

从式（2.9）可以看出，电磁波在传播方向上，振幅按指数规律减小，脉冲形状由于非线性相位而引起畸变。衰减常数表示单位距离上振幅的衰减（单位 Np/m），物理意义非常明确。相移常数表示单位长度上相位移量（单位

rad/m)。衰减常数和相移常数与传播常数一样，主要取决于电磁波的频率和介电特性。

在真空或空气中传播时，电磁波速度约为真空中光的速度 c（$3×10^8 m/s$），在其他介质中传播时，电磁波的波速为

$$v = \frac{c}{\sqrt{\varepsilon'_r}} \tag{2.10}$$

由上式可知，电磁波在介质中的传播速度与介质的介电常数有很大关系，因此，波速往往被看作是反映介质介电常数的主要参数之一，所以，大多数基于电磁波的无损检测技术主要依靠波速和波速的延迟时间来检测和推断结构性质和变化。

同时，电磁波波长 λ 是频率 f 和波速 v 的函数，如式（2.11），也与介质的介电常数有关，电磁波在介质中的波长为

$$\lambda = \frac{v}{f} = \frac{c}{f\sqrt{\varepsilon_r}} \tag{2.11}$$

由上式可知，波长不仅与频率有关，还与待测结构的介电常数有关。波长越短，穿透能力越强，穿透深度越大。所以应用电磁波进行结构无损检测时，为根据电磁波特性确定制作待测材料试件尺寸，往往需要根据上式初步了解电磁波在待测结构中的波长，以免试件尺寸太小，电磁波穿透试件而影响测量精度。例如，在真空中频率为 1GHz 的电磁波波长为 0.3m，若介电常数为 4，则波长会减少为 0.15m。

穿透深度 d_p（Depth of Penetration），又称趋肤深度，是指电磁波穿过损耗介质的距离，以能量被吸收，电场强度衰减到原强度的 $1/e$（约 37%）左右的透入深度为准[61]。由式（2.7）可知，当 $\alpha z = \alpha d_p = 1$ 时，电场强度幅值衰减到 $z=0$ 处的 $1/e$，显然 d_p 为

$$d_p = \frac{1}{\alpha} = \frac{1}{\sqrt{\dfrac{\omega^2 \mu \varepsilon}{2} \left\{ \left[1 + \left(\dfrac{\sigma}{\omega \varepsilon} \right)^2 \right]^{1/2} - 1 \right\}^{1/2}}} \tag{2.12}$$

对于低电导率的介质，如水泥混凝土、沥青混合料、砂子和石子等，在高频或超高频范围内均有 $\dfrac{\sigma}{\omega\varepsilon} \ll 1$，$\alpha$ 可近似为

$$\alpha = \frac{\sigma}{2}\sqrt{\frac{\mu_0}{\varepsilon'}}$$

此时式（2.12）可简化为

$$d_p = \frac{1}{\alpha} = \frac{1}{\pi}\frac{\varepsilon'_r}{\varepsilon''_r f}\sqrt{\frac{1}{\varepsilon_r \varepsilon_0 \mu_0}} \tag{2.13}$$

式中 α——衰减系数；

$\quad\quad$ μ_0——真空中的磁导系数，$4\pi\times10^{-7}\,\mathrm{Henry/m}$。

从式（2.13）可知：穿透深度主要与介质的介电常数、电导率和电磁波的频率有关。频率愈高，穿透深度愈小；电导率越大，电磁波衰减越厉害，穿透深度也就越小，对某一频率范围内的电磁波，其穿透深度主要与材料的电导率有关，所以电磁波在混凝土中的穿透能力主要由电磁波频率和混凝土的电导率来确定。

2.2 复合材料介电模型

复合材料由两种或两种以上的物质混合而成，且大多数以固相、液相和气相组成的多相体存在，如水泥混凝土和沥青混合料。水泥混凝土由水泥净浆、骨料和空气混合而成；骨料、沥青、空气又是沥青混合料的主要组成成分。复合材料介电常数主要与组成成分介电常数、体积率、几何结构特点、电化学特性、测试频率、温度等因素有关，描述复合材料整体介电常数与上述影响因素之间关系的式子，称为复合材料介电模型。国内外，基于理论分析或试验研究先后提出若干模型，这些模型大致可以分为两类：一类与介质的组成结构有密切关系的理论模型，即依据介质的微观组成结构，运用相关理论对极化机制进行研究，推导出介电常数的理论模型；而另一类是根据试验数据，通过数据拟合建立的统计函数模型。下面将常用的经典介电模型逐一介绍。

2.2.1 Lichtenecker-Rother（LR）方程

$$(\varepsilon_m)^c = \sum_{i=1}^{n} v_i (\varepsilon_i)^c \tag{2.14}$$

式中 ε_m、ε_i——混合介质、成分 i 的介电常数；

$\quad\quad$ v_i——组成成分 i 所占的体积比；

$\quad\quad$ c——几何形状影响系数。

Lichtenecker-Rother（LR）方程[62]中 c 取不同值时表示不同情况：若复合材料的多相是层状的交替或平行的随机排列，且电极也平行于层面，即相当于串联混合，那么 $c=-1$；若多相是层状的交替或平行的随机排列，但是电极是垂直于层面，即相当于并联混合，那么 $c=+1$。此处，并联和串联分别代表的是两种材料复合的几何极端，多数情况下，参数 c 在（$-1\sim+1$）之间变化。

针对由土颗粒、自由水及空气组成的饱和土，Roth 等（1990）研究发现：

c 取值为 0.5，误差较小，所以 $c=0.5$ 时 LR 方程可用来计算大部分三相土的介电常数[63]；Dobson 等（1985）则将土体假设称为由土颗粒、自由水、空气及结合水组成的四相混合介质，其研究结果显示：c 取值为 0.65 时较为合适[64]。

如果是非均匀介质，可看成既是串联混合又是并联混合，那么 $n \approx 0$，则这时可有混合对数法则——Lichtenecker 公式[65]：

$$\ln \varepsilon_m = \sum_{i=1}^{n} v_i \ln \varepsilon_i$$

如果将参数 c（$-1 \sim +1$）取不同的值，则 LR 方程可以演变为以下几种常见介电模型：

（1）当参数 $c=1$ 时，被称为 Brown 模型，又称为线性模型[66]：

$$\varepsilon_m = \sum_{i=1}^{n} v_i \varepsilon_i \tag{2.15}$$

（2）当参数 $c=0.5$ 时，被称为复折射率法（CRIM），又称均方根模型，在土壤学和地球物理领域应用广泛。

$$\sqrt{\varepsilon_m} = \sum_{i=1}^{n} v_i \sqrt{\varepsilon_i} \tag{2.16}$$

（3）当参数 $c=1/3$ 时，则为 Looyenga 模型、立方根模型：

$$(\varepsilon_m)^{1/3} = \sum_{i=1}^{n} v_i (\varepsilon_i)^{1/3} \tag{2.17}$$

根据相关研究成果，立方根模型非常适用于模拟计算球形和随机分布的椭圆形物质介电常数，在石油测井领域被广泛地应用。

2.2.2 瑞利（Rayleigh）模型

介质为两相复合材料时，瑞利模型为

$$\frac{\varepsilon_m - 1}{\varepsilon_m + 2} = v_1 \frac{\varepsilon_1 - 1}{\varepsilon_1 + 2} + v_2 \frac{\varepsilon_2 - 1}{\varepsilon_2 + 2} \tag{2.18}$$

将该模型拓展到 n 相介质：

$$\frac{\varepsilon_m - 1}{\varepsilon_m + 2} = \sum_{i=1}^{n} v_i \frac{\varepsilon_i - 1}{\varepsilon_i + 2} \tag{2.19}$$

2.2.3 其他模型

1. Böttcher 方程

对称两相复合材料的 Böttcher 方程为

$$\frac{(\varepsilon_1 - \varepsilon_m)v_1}{\varepsilon_1 + 2\varepsilon_m} + \frac{(\varepsilon_2 - \varepsilon_m)v_2}{\varepsilon_2 + 2\varepsilon_m} = 0 \tag{2.20}$$

应用于多相复合材料的 Böttcher 介电模型：

$$\sum_{i=1}^{n} v_i \frac{(\varepsilon_i - \varepsilon_m)}{\varepsilon_i + 2\varepsilon_m} = 0 \tag{2.21}$$

2. Berentsveig 公式

$$\varepsilon_m = \bar{\varepsilon} + \frac{\displaystyle\sum_{i=1}^{n} v_i \frac{\varepsilon_i - \bar{\varepsilon}}{\varepsilon_i + 2\bar{\varepsilon}}}{\displaystyle\sum_{i=1}^{n} v_i \frac{1}{\varepsilon_i + 2\bar{\varepsilon}}} \tag{2.22}$$

式中 $\bar{\varepsilon}$——混合介质的平均介电常数。

平均介电常数定义为

$$\bar{\varepsilon} = \sum_{i=1}^{n} v_i \varepsilon_i \tag{2.23}$$

式（2.22）也可以变换为

$$\sum_{i=1}^{n} v_i \frac{(\varepsilon_i - \varepsilon_m)}{\varepsilon_i + 2\bar{\varepsilon}} = 0 \tag{2.24}$$

3. Bruggeman-Hanai（BH）模型

$$\frac{\varepsilon_m^* - \varepsilon_i^*}{\varepsilon_h^* - \varepsilon_i^*} \left(\frac{\varepsilon_h^*}{\varepsilon_m^*}\right)^{1/3} = 1 - v_i \tag{2.25}$$

式中 ε_m^*、ε_h^*、ε_i^*——混合材料、主要成分、其他成分的介电常数。

一些研究人员也将 BH 方程进行变换，并提出了其概括模型，概括模型主要是在模型中引入极化参数 L，并将极化参数取之为 0 到 1 之间，其表达式为

$$\frac{\varepsilon_m^* - \varepsilon_i^*}{\varepsilon_h^* - \varepsilon_i^*} \left(\frac{\varepsilon_h^*}{\varepsilon_m^*}\right)^{L} = 1 - v_i \tag{2.26}$$

在概括模型中，当极化参数 $L=0$ 时，则概括模型等同于 $c=+1$ 的 LR 方程；当极化参数 $L=1$ 时，概括模型与 $c=-1$ 的 LR 一致。

4. Wagner and Landau 模型

$$\varepsilon_m = \varepsilon_1 \left(1 + 3v_1 \frac{\varepsilon_2 - \varepsilon_1}{\varepsilon_2 + 2\varepsilon_1}\right) \tag{2.27}$$

5. Wiener 模型

$$\varepsilon_m = \frac{v_1 \varepsilon_1 U + v_2 \varepsilon_2}{v_1 U + v_2} \tag{2.28}$$

$$U = \frac{\varepsilon_2 + F}{\varepsilon_1 + F} \tag{2.29}$$

式中 F——调节系数，且 $-1 \leqslant F \leqslant 1$。

6. 李剑浩介电常数新公式

$$\varepsilon_m = \bar{\varepsilon} - \frac{1}{3}\overline{\delta\varepsilon\ln\varepsilon} \tag{2.30}$$

其中
$$\bar{\varepsilon} = \sum_{i=1}^{n} v_i\varepsilon_i \tag{2.31}$$

$$\overline{\delta\varepsilon\ln\varepsilon} = \sum_{i=1}^{n} v_i(\varepsilon_i - \bar{\varepsilon})\ln\varepsilon_i \tag{2.32}$$

7. Bruggeman、Bottcher 和 Odelevsky 模型

$$\varepsilon_m = A + \sqrt{A^2 + \frac{\varepsilon_1\varepsilon_2}{2}} \tag{2.33}$$

其中
$$A = \frac{1}{4}\left[(3v_1 - 1)\varepsilon_1 + (3v_2 - 1)\varepsilon_2\right] \tag{2.34}$$

除此之外，国内外许多学者还对一些成分复杂的物质介电模型进行了研究[67-69]，提出了一些有用的理论公式，为研究物质介电模型的研究提供了理论基础。

2.3 影响介电常数的因素

2.3.1 组成成分

由 2.1 节知，复合材料介电常数主要与其组成成分有关，描述两者之间关系见 2.2 节的体积混合模型，这里就不再重述。从体积混合介电模型可以看出，组成成分的介电常数和体积率对复合材料介电常数起决定性的影响，影响的规律是：成分的介电常数和所占体积率越大，复合材料的介电常数就越大。

2.3.2 频率

介质在电场作用下发生极化，极化随频率的变化而变化，这种变化反映在介电常数上，介电常数也随着频率的变化而变化，这种现象称为频散或色散。

描述介电常数随频率变化这种现象的有著名的 Debye 极化模型，是 Debye 于 1929 提出的，复介电常数的实部和虚部随频率的变化分别为式（2.35）和式（2.36）[70]：

$$\varepsilon' = \varepsilon_\infty + \frac{\varepsilon_s - \varepsilon_\infty}{1 + \omega^2\tau^2} \tag{2.35}$$

$$\varepsilon'' = \frac{(\varepsilon_s - \varepsilon_\infty)\omega\tau}{1 + \omega^2\tau^2} \tag{2.36}$$

式中 ε_s——极低频率下（$f \ll 1/2\pi\tau$）的介电常数，又称为静态介电常数，表示松弛极化对介电常数的贡献；

$\quad\quad\varepsilon_\infty$——频率极大时（$f \gg 2\pi\tau$）的介电常数，称为光频介电常数或稳态介电常数，其对应的电场频率远远高于偶极子的振动频率；

$\quad\quad\tau$——弛豫时间，表示材料内分子从开始极化到达到极化的最终状态所用的时间，与温度有关。

若用图表示 Debye 模型，见图 2.5。由式（2.35）和图 2.5 可看出，在一定温度条件下，介电常数随着频率的增大而减小，大致有以下规律：

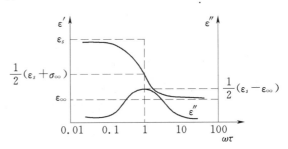

图 2.5 德拜模型图

（1）低频（$f \ll 1/2\pi\tau$）时，电场变化缓慢，电场周期比弛豫时间长得多，材料的极化完全跟得上电场的变化，ε'趋于静态介电常数 ε_s。

（2）频率增加，电场周期变短，当短到与弛豫时间相当时，极化逐渐跟不上电场变化，ε'由 ε_s 下降到（$\varepsilon_s + \varepsilon_\infty$）/2。

（3）高频（$f \gg 2\pi\tau$）时，电场变化极快，周期远小于弛豫时间，弛豫极化完全跟不上电场的变化，只有瞬时极化产生，介电常数大大减少，ε'趋于光频介电常数 ε_∞。

Debye 模型是针对极性液体和固体等材料进行研究提出来的频散模型。除此之外，极化模型还有 Colo-Colo（1941）[71]、Lorentz 及 Drude 等其他模型，这里就不再一一叙述。

综上所述，上述极化模型大多是针对某种介质提出来的，比如，Drude 模型是针对金属导体建立的频散模型。但水泥混凝土和沥青混合料不是单一材料组成的介质，而是由不同材料组成的混合物，其介电常数随频率变化规律还有待于进一步研究分析。

2.3.3 温度

2.3.3.1 在交变电场作用下温度对介电常数的影响

温度对介电常数的影响也可以根据上述的德拜模型进行分析，由式（2.36）知，温度对介电常数影响主要体现在三个参量上：静态介电常数 ε_s、光频介电常数 ε_∞ 和弛豫时间 τ。下面逐一讨论他们与温度的关系。

1. 光频介电常数 ε_∞

光频介电常数 ε_∞ 是弹性位移极化贡献的介电常数，计算见式（2.37），其中 α_e、α_i 为极化率，与温度无关。因此 ε_∞ 随温度变化的原因主要是材料单位体积内极化离子数 n_0 随温度发生了变化，这主要是由材料密度变化引起的。

$$\varepsilon_\infty = 1 + \frac{n_0}{\varepsilon_0}(\alpha_e + \alpha_i) \tag{2.37}$$

式中　n_0——单位体积内极化离子数；

　　α_e、α_i——分别为电子位移极化率、离子位移极化率。

由于材料密度在一定范围内与温度呈线性关系，且变化不大，所以 ε_∞ 随温度升高呈线性规律略微下降。

2. 弛豫时间 τ

"弛豫时间 τ 与温度呈指数关系"[72]，见式（2.38）：

$$\tau = A e^{B/T} \tag{2.38}$$

式中　A、B——待定参数，与材料内部结构有关。

该公式说明温度越高，分子越活跃，从开始极化到达到极化的最终状态所用的时间就越短，即弛豫时间 τ 就越小。当然，弛豫时间 τ 的长短还与材料的内部组成有关，若材料内部结构由短键连结而成，分子或离子随温度升高，活跃能力增加明显，则弛豫时间 τ 就下降较快；反之，若材料是由较长的分子链组成，如像沥青这样的高分子材料，因受限于较长的分子链，分子随温度升高增加的活动度有限，导致其弛豫时间 τ 下降较缓慢。

3. 静态介电常数 ε_s

静态介电常数 ε_s 可表示为式（2.39）[73]：

$$\varepsilon_s = \varepsilon_\infty + \frac{n_0 \alpha'}{\varepsilon_0 T} \tag{2.39}$$

由式（2.39）可知：静态介电常数 ε_s 与温度呈反比关系。

将上述三参数汇总起来，温度对介电常数的影响大致具有如下规律：①低温区，弛豫时间 τ 很大，$\omega\tau \gg 1$，$\varepsilon' \to \varepsilon_\infty$；②高温区，弛豫时间 τ 很小，$\omega\tau \ll 1$，$\varepsilon' \to \varepsilon_s$；$\varepsilon_s$ 随温度升高呈反比下降；③从低温到高温这个过程中，随温度逐步升高，ε' 从 ε_∞ 升高到 ε_s；达到极大值 ε_s 后，随温度升高下降。

从微观分子学来解释此种现象：当温度比较低时，材料内部分子、离子等活动能力有限，即使施加了电场，分子顺应外加电场作用下的排序也难以完成，故介电常数比较小。随着温度的增加，材料内部分子、离子等从外部获取热能使得活动能力大大增加，这种活动能力的增加促使极化更容易，因此介电常数大大增加，直至达到最大值。随着温度的进一步升高，材料内部的微粒获得更多的热量，变得更加活跃，打乱了在外加电场作用下按照极化规律的那种排列顺序，这样使得电场施加的效果减弱，介电常数随之减小。

图 2.6 是不同 Ba/La 比值锆钛酸钡镧陶瓷实测的介电常数随温度变化曲线，从曲线上可看到介电常数受温度的影响规律与德拜模型分析的结果基本一致。此外，由图 2.6 还可发现，不同配比的陶瓷介电常数最大值的位置不同，对应的温度也不相同。理论上"把 $\varepsilon'(T)$ 曲线上介电常数出现最大值处所对应的温度称为铁电居里点 T_c，T_c 值的大小主要与材料内部结构或成分有关"[73]。若材料内部结构简单，主要是以短键连结的方式，则铁电居里点 T_c 对应的温度就相对比较低；若材料是以链状的长键连结而成，则铁电居里点 T_c 所对应的就高些。

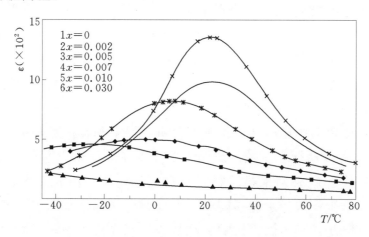

图 2.6　不同 Ba/La 比值的锆钛酸钡镧陶瓷的实测 $\varepsilon'(T)$ 曲线[73]

文献［74］就固体沥青的微波介电特性进行了研究，采用谐振腔法测量了不同温度下不同类型沥青的介电常数，测量结果见表 2.3。从表中可看出：随温度增加沥青介电常数略有增加。原因是：低温时，由于"沥青是含有较多长链状的正构或异构烃类有机化合物，氢含量高，各分子、原子、电子彼此紧紧束缚，在外加电场下，进行取向比较困难，极化极弱，介电常数较小"[74]，随温度升高，内部微粒获得热能而活动能力增强，极化相对变得容易，所以介电常数增加，与上述分析基本一致。

表 2.3　　　　　　　　　　　沥青人工热变质试验结果[74]

样品号	名称	实验条件	ε'	ε''	$N \times 10^{19}/g$	比重	H/C	R_{max}^0
K_1	沥青	室温/1atm	3.91	0.046	1.40	1.24	1.19	0.59
K_1	沥青	150℃/1000atm	4.22	0.043	2.00	1.31		
K_1	沥青	200℃/1000atm	4.63	0.055	2.00	1.33		0.73
K_1	沥青	350℃/1000atm	5.00	0.074	2.65	1.37	1.06	1.12

样品号	名称	实验条件	ε'	ε''	$N\times10^{19}/g$	比重	H/C	$R_{\max}^0$
K_1	沥青	400℃/1000atm	5.21	0.081	3.43	1.41	0.64	3.93
K_1	沥青	450℃/1000atm	5.75	0.080	4.45	1.46	0.47	6.01
K_1	沥青	500℃/1000atm	6.38	0.106	6.26	1.48	0.42	6.21
S-13	沥青	室温/1atm	3.61	0.044	1.54	1.07		
S-13	沥青	500℃/1000atm	6.34	0.164	5.30	1.47		
义64	原油	室温	2.25	0.022	0.32			
义64	沥青	360℃原油热解	3.13	0.018	1.02	1.09		

对于沥青混合料和水泥混凝土两种复合材料，其介电常数在工程常见温度范围内随温度变化服从什么样的变化规律？具体结合 $\varepsilon'(T)$ 曲线来说，就是常见温度范围与两种复合材料 T_c 值点的相互位置关系如何，是位于 T_c 值点左侧还是右侧。若在左侧，材料介电常数将随着温度升高而升高；若在右侧，材料介电常数将随着温度升高而降低，这个问题值得深入研究和探讨。

2.3.3.2 在静电场作用下温度对介电常数的影响

从上节对交变电场作用下极化进行分析可以看到：一旦环境温度超过了铁电居里点 T_c，温度对介电常数的影响主要体现在对静态介电常数 ε_s 的影响上，而静态介电常数 ε_s 就是用来描述材料在静电场作用下极化现象，因此有必要对其进行深入分析。因为水泥混凝土和沥青混合料都是由固态、液态、气态组成的混合物，因此要分析温度影响，须从这三态物质入手，下面就结合《电介质物理》学的有关方程，分析温度对三态物质静态介电常数的影响。

外加电场中材料极化满足克劳休斯方程，即[72]：

$$\varepsilon_r - 1 = \frac{N\alpha E_i}{\varepsilon_0 E} \tag{2.40}$$

式中　ε_r——静电场中的相对介电常数；

　　　N——单位体积内分子数；

　　　α——分子极化率；

　　　E——电介质内宏观平均电场强度；

　　　E_i——作用在每个分子上的有效电场强度。

克劳休斯方程建立了宏观参量介电常数与微观参数（α，N）之间的关系。为了确定作用在每个分子的有效电场 E_i，可用图 2.7 所示的模型。电介质置于平板电容器间，电介质的平均电场强度为 E，作用于被研究分子的电场强度 E_i 为

$$E_i = E + E_1 + E_2 \tag{2.41}$$

式中 E_1、E_2——球外、球内分子作用产生的电场强度。

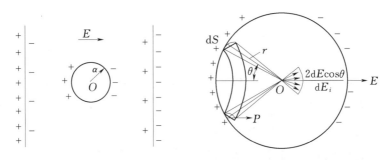

图 2.7 莫索缔内电场

$$E_1 = \frac{1}{3\varepsilon_0}\vec{P} \tag{2.42}$$

莫索缔假设 $\vec{E_2}=0$，于是有

$$\vec{E_i} = \frac{\varepsilon_r + 2}{3}\vec{E} \tag{2.43}$$

上式是由洛伦兹根据莫索缔假设（$\vec{E_2}=0$）推导的，因此将上述形式描述的电场称为莫索缔内电场或洛伦兹内电场。

将式（2.43）代入克劳休斯方程可得克劳休斯-莫索缔方程，简称克-莫方程，即

$$\frac{N\alpha}{3\varepsilon_0} = \frac{\varepsilon_r - 1}{\varepsilon_r + 2} \tag{2.44}$$

下面结合克-莫方程，对不同形态的物质，分析温度的影响及其规律。

1. 气体

气体为各向同性的材料，在压力不大情况下，分子间距离大，相互作用小，一般温度下，分子作布朗运动，在空间各点出现的几率相同。莫索缔内电场适用于气体介质，下面根据克-莫方程讨论气体介电常数随温度的变化情况。

（1）非极性气体。非极性气体介质不具有固有偶极矩，由于分子可自由活动，不存在离子极化。因此，非极性气体的极化主要是电子极化。

根据理想气体定律，气体压力 p 与温度 T 之间满足

$$p = NkT \tag{2.45}$$

将式（2.45）代入式（2.44）可得

$$\frac{\varepsilon_r - 1}{\varepsilon_r + 2} = \frac{p\alpha}{3kT\varepsilon_0} \tag{2.46}$$

由公式可看出：在压力不变的情况下，非极性气体的介电常数与温度呈反比，随温度升高而下降。

27

（2）极性气体。除了电子极化外，还存在偶极子转向极化，此时克-莫方程变为

$$\frac{\varepsilon_r - 1}{\varepsilon_r + 2} = \frac{N}{3\varepsilon_0}\left(\alpha + \frac{\mu_0}{3kT}\right) \tag{2.47}$$

当气压恒定，对极性气体加热，由于 N 和转向极化率随温度升高而减小，于是介电常数随温度上升而下降。

（3）混合气体。由 m 种气体组成的混合气体，每种气体的极化强度为 P_j。则此混合气体的总极化强度 P 为各组成气体极化强度之和，即

$$P = \sum_{j=1}^{m} P_j \tag{2.48}$$

$$P_j = N_j\left(\alpha_{ej} + \frac{\mu_{0j}^2}{3kT}\right)E_i \tag{2.49}$$

式中　N_j——第 j 种气体浓度，亦即单位体积中第 j 种气体分子数；

　　　α_{ej}——第 j 种气体的电子极化率；

　　　μ_{0j}——第 j 种气体分子固有偶极矩；

　　　E_i——作用于分子上的内电场。

对于气体介质，E_i 一般可认为等于莫索缔内电场，于是有

$$\frac{\varepsilon_r - 1}{\varepsilon_r + 2} = \sum_{j=1}^{m} \frac{N_i}{3\varepsilon_0}\left(\alpha_{ej} + \frac{\mu_{0j}^2}{3kT}\right) \tag{2.50}$$

且　　　　　　　$N = N_1 + N_2 + \cdots + N_m = \sum_{j=1}^{m} N_j \tag{2.51}$

对于压力不太大的气体，$\varepsilon \approx 1$，于是有

$$\varepsilon_r - 1 = \sum_{j=1}^{m} \frac{N_j}{\varepsilon_0}\left(\alpha_{ej} + \frac{\mu_{0j}^2}{3kT}\right) \tag{2.52}$$

由上式可看出：在压力不变时，混合气体介电常数随温度升高而降低。

2. 液体

（1）非极性和弱极性液体。"弱极性液体电介质是指分子固有偶极矩在小于 0.5 德拜的极性液体电介质"[72]。非极性液体和弱极性液体电介质起主要作用的是电子极化，介电常数一般在 2.5 左右，介电常数与折射率仍近似保持麦克斯韦关系，属于这类电介质的有电缆油、汽油、煤油沥青等。

对于弱极性和非极性液体电介质，作用在每个分子上的内电场，由于分子出现在空间中每一点的概率是相等的，故仍可以认为是莫索缔内电场，因此克-莫方程对于这类介质仍然适用。

将式（2.44）两端对 T 微分得

$$\frac{3}{(\varepsilon_r+2)^2}\frac{d\varepsilon_r}{dT}=\frac{N}{3\varepsilon_0}\alpha_0\frac{1}{N}\frac{dN}{dT}$$

考虑到 $\dfrac{N}{3\varepsilon_0}\alpha_0=\dfrac{\varepsilon_r-1}{\varepsilon_r+2}$，于是有

$$\frac{1}{\varepsilon_r}\frac{d\varepsilon_r}{dT}=\frac{(\varepsilon_r+2)(\varepsilon_r-1)}{3\varepsilon_r}\frac{1}{N}\frac{dN}{dT} \tag{2.53}$$

由上式可看出：当温度改变时，液体体积膨胀，单位体积分子数减少，故非极性液体介电常数随温度上升而减小。

（2）极性液体。"当液体介质分子固有偶极矩大于 0.5 德拜，小于 1.5 德拜成为中极性液体电介质；当分子固有偶极矩大于 1.5 德拜，则称为强极性液体电介质"[72]。

极性液体的极化包括电子极化和偶极子转向极化，且偶极子转向极化占主导地位。因为其介电常数大于折射率的平方，德拜方程已不适用。下面着重介绍适合描述极性液体的昂扎杰模型，见式（2.54）：

$$\varepsilon_r=1+\frac{\mu_0^2N}{3kT\varepsilon_0}\frac{3\varepsilon_r}{2\varepsilon_r+1} \tag{2.54}$$

当 $n^2\ll\varepsilon$ 时，即偶极子转向极化对介电常数的贡献比电子极化的大得多时。式（2.54）可写成

$$\varepsilon_r\approx\frac{\mu_0^2N}{9kT}\frac{(n^2+2)^2}{2\varepsilon_0} \tag{2.55}$$

由式（2.55）可知：极性液体的介电常数随温度升高而减小。昂扎杰模型因为考虑分子间的相互作用，所以对一般的液体来讲，与实测结果拟合效果很好，介电常数随温度升高而下降。但是对于极性分子远程力较强的氢键强极性液体，如水、酒精等有显著的偏差。

3. 固体

（1）非极性固体。非极性固体内主要的极化形式是电子极化，它包括原子晶体、不含极性基团的分子晶体和非极性高分子聚合物等。非极性固体介质的介电常数和温度的关系和单位体积内分子数随温度的变化相同，也可以根据克-莫方程求得，具体见下式：

$$\frac{1}{\varepsilon_r}\frac{d\varepsilon_r}{dT}=\frac{(\varepsilon_r-1)(\varepsilon_r+2)}{3\varepsilon_r}\beta_0 \tag{2.56}$$

式中　β_0——体积膨胀系数，对于一般固体介质 $\beta_0=3\beta_l$；

β_l——线性膨胀系数。

则有

$$\frac{1}{\varepsilon_r}\frac{d\varepsilon_r}{dT}=\frac{(\varepsilon_r-1)(\varepsilon_r+2)}{\varepsilon_r}\beta_l \tag{2.57}$$

从式（2.57）知，非极性固体随温度升高而下降。

（2）极性聚合物和极性化合物。极性分子晶体和极性高分子聚合物的极化，除了电子极化外，可能还有偶极子弹性和松弛极化。但与在液体或气体中不同，固体由于每一分子链节相互紧密固定，运动很困难，因此，它的极化过程与它的物理状态有关。例如，聚合物在极低的温度下，分子处于相互牢固地结合在一起的状态，这时只可能有电子极化，电子建立和消失时间都很短，相应介电常数均不大。随着温度升高，极化逐渐增加，介电常数随温度上升而上升，在 T_c 温度附近，介电常数有显著的增加；随着温度进一步提高，由于分子更加活跃，使分子定向困难，介电常数又开始随温度上升而下降。因此，介电常数随温度变化曲线上出现峰值。

综上所述，温度对于材料介电常数的影响大致可以概括为：①气体和液体的介电常数随温度升高大致呈线性下降；②对于固体介电常数随温度变化要视固体内部结构情况而定。例如，高分子聚合物介电常数随温度变化先升后降。

2.4 网络分析仪测量介电常数的方法

物理学上，测量静电场或低频电场下材料的介电常数常用平板电容法，具体原理如图 2.8 所示，其计算公式为

$$C = \frac{A\varepsilon}{t} \tag{2.58}$$

式中　C——平板电容器电容；

　　　A——平行金属板面积；

　　　t——介质厚度。

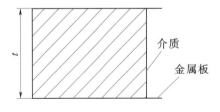

图 2.8　平板电容测介电常数示意图

然而在微波频段（300MHz～3000GHz），介电常数就不能再采用这种方法进行测量和计算了，原因主要有两方面：①介电常数变成了复数，实部和虚部两个参量很难用一个简单的式子来描述；②高频频段内会出现高次模式的波，反射系数等参量会受到影响，使得测量复杂化。

微波频段内测量介电常数的仪器有多种，这里仅对基于矢量网络分析仪的几种测量方法作简要介绍。网络分析仪有不同测量方法：同轴探头法（Coaxial Probe）、波导法（Wave guide）、自由空间法（Free-Space）、平行板法（Parallel

Plate）、谐振腔法（Resonant Cavity）等。其中平行板法主要在低频（40Hz～1GHz）范围内测量介电常数，与本研究的混凝土介电特性的频率范围不太一致；而谐振腔法是依据不同腔体进行某一频率的测量，也不适合作为本书测量手段，故对这两种方法不再详细介绍。下面主要分析对比一下同轴探头法（Coaxial Probe）、波导法（Waveguide）、自由空间法（Free-Space），从而确定本书介电常数的测试方法。

2.4.1 同轴探头法

同轴探头测试技术典型的测量系统如图 2.9 所示，该测量技术是基于传输线理论、特性阻抗和传输常数进行工作的，具体的测量原理如图 2.10 所示：矢量网络分析仪产生的电磁波经由以同轴线、探头和被测介质组成的传输线进行传送，假定被测介质的尺寸和损耗正切足够大使得电磁波经过介质后传输信号衰减完，通过矢量网络分析仪测量被测介质表面的反射系数，根据传输线方程中反射系数与阻抗和导纳的关系式、导纳与介电常数的关系，求出介电常数，并作为最后的输出保存记录下来。

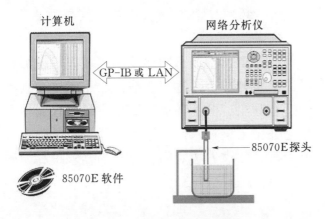

图 2.9　同轴探头测量系统[75]

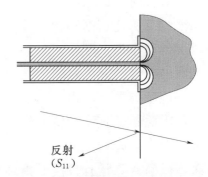

图 2.10　同轴探头测量系统
原理示意图[75]

矢量网络分析仪同轴探头法测得介质接触面的反射系数 R 的表达式为

$$R = \frac{Z_L - Z_0}{Z_L + Z_0} = \frac{Y_0 - Y_L}{Y_0 + Y_L} \tag{2.59}$$

式中　Z_L、Z_0——分别为被测介质的阻抗和同轴传输线的特性阻抗；

$\quad\quad$ Y_0、Y_L——分别为同轴传输线的特征导纳和负载导纳，$Y_0 = 1/Z_0$，

$\quad\quad\quad\quad$ $Y_L = 1/Z_L$。

当探头置于无穷大均匀介质上时，若被测介质是非磁性材料（$\mu = \mu_0$），此时被测介质的总的探针输入导纳 $Y_L(\omega, \varepsilon_r)$ 可以表示为

31

$$Y_L(\omega, \varepsilon_r) = j\omega C_i + jC_0\varepsilon_r + jB\omega^3\varepsilon_r^2 + A\omega^4\varepsilon_r^{2.5} \tag{2.60}$$

其中：ω 表示角频率，通过已知导纳 Y、测量 R 的幅值和相位便可得 $Y_L(\omega, \varepsilon_r)$ 据此反演介电常数；系数 C_i、C_0、B、A 可通过仪器测试前的校正（短路、常温纯水和空气）和测量导纳已知的介质（如纯水）得到。

Agilent 公司生产的矢量网络分析仪的探头主要配备有如下三种类型：

1. 高温探头

高温探头结构如图 2.11 所示，可以测量具有腐蚀性的化学物质，该探头的设计可用来测试具有平面接触面的固体。

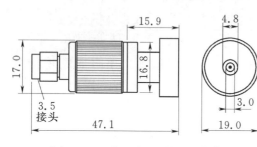

图 2.11　高温探头结构图[75]

（单位：mm）

2. 轻薄型探头

该探头适合在狭小的空间对尺寸较小的液体和软的半固体材料进行介电常数的测量，频率范围为 $0.5\sim50\mathrm{GHz}$。

3. 新性能探头

这种类型探头具有耐高温和测试频率高双重特点：频率范围为 $0.5\sim50\mathrm{GHz}$；耐受的温度范围为：$-40\sim200\,^{\circ}\mathrm{C}$。

综上所述，同轴探头具有以下一些特点：①测试频率范围较宽；②被测材料试件制作加工容易，只需要测量面平整光滑；③适用于液体、半固体和具有平面的固体的介电常数的测量；④适合高温、低温环境下测量；⑤适合无损测量、现场测量。但也有一定的不足之处：①该技术假设被测试样为半无限大介质，因此不适宜测量薄试样的介电常数；②该方法对同轴探头的要求很高，测量时探头与试样接触要十分紧密，对固体而言，要有一个非常平整的测试平面，以确保测量有较高的精确度。

测量前，为提高其测试精度和为消除电磁波于不连续处所产生的反射讯号，获取有关参数，须先进行仪器系统校正，使用空气、短路与纯水三种已知介质作为标准进行三次校正。

首先将探头裸露在空气中进行校正；待空气校正完成后，将探头接上短路装置进行校正，短路校正如图 2.12（a）所示；最后将探头置于 25℃ 的纯水中进行校正，校正过程如图 2.12（b）所示，并注意探头与水接触面不能有气泡或空隙存在，以免影响校正效果。

仪器校正完成后，便可进行介电常数测量了。测量过程中必须注意待测物与探头接触处，接触面需平整无孔洞、气隙或气泡，以避免因为探头与待测物之间无法完全贴合而导致误差。

（a）　　　　　　　　　　（b）

图 2.12　短路、纯水校正过程照片[29]

（a）短路校正；（b）纯水校正

除此之外，为提高测量精度，试验时可对同一试件进行多个不同测点的量测，并将最高与最低值去除后取平均值，作为试件的介电常数值。

2.4.2　波导法

波导法，又称传输反射法，依据波导传输/反射法工作，其原理框图如图 2.13 所示。该方法是 20 世纪 70 年代 Niclson、Ross 与 Weir 等人提出的，所以又简称 NRW 传输/反射法（T/R）。具体测量原理为：将制作好的均匀介质放入矩形波导腔内，通过测散射参数即 S 参数计算被测介质的相对复介电常数。

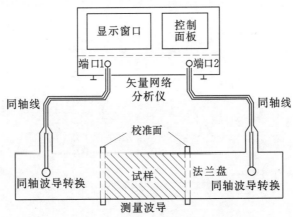

图 2.13　波导测量系统原理框图[76]

典型的波导测量系统实物图如图 2.14 所示，从图上可看出，系统主要包括两大部分：①网络分析仪的软件系统和硬件系统。硬件系统有安捷伦矢量网络分析仪、同轴线和标准校准件；软件系统包括 windows 操作系统、散射参数测量软件等。②波导硬件系统和软件处理模块。硬件主要有同轴波导转换器，非标准校准件（1/4 波长波导，短路器），精密波导段等；软件包括校准程序、由散射参数计算介电常数的程序等。

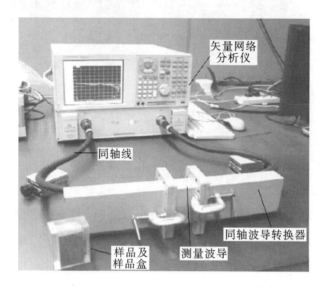

图 2.14　介电常数的波导测量系统[76]

波导法测量介电常数时，所用波型为 TE_{10} 波，将被测介质放入波导中，需完全充满于测量波导，由矢量网络分析仪测量 S 参数，可运用 NRW 传输/反射（T/R）法计算出介质的复介电常数，具体计算方法和公式如下：

$$S_{11}=S_{22}=\frac{\Gamma_c(1-T_d^2)}{1-\Gamma_c^2 T_d^2},\quad S_{21}=S_{12}=\frac{T_d(1-\Gamma_c^2)}{1-\Gamma_c^2 T_d^2} \tag{2.61}$$

$$Z_0=C\mu_0/\sqrt{1-(\lambda_0/\lambda_c)^2},\quad \gamma_0=\mathrm{j}\beta=\mathrm{j}\frac{2\pi}{\lambda_0}\sqrt{1-(\lambda_0/\lambda_c)^2} \tag{2.62}$$

$$Z_c=C\mu_0\mu_r/\sqrt{\mu_r\varepsilon_r-(\lambda_0/\lambda_c)^2},\quad \gamma_c=\alpha+\mathrm{j}\beta=\mathrm{j}\frac{2\pi}{\lambda_0}\sqrt{\mu_r\varepsilon_r-(\lambda_0/\lambda_c)^2} \tag{2.63}$$

$$\lambda_c=\frac{2\pi}{(k_c)_{mn}}=\frac{2}{\sqrt{\left(\frac{m}{a}\right)^2+\left(\frac{n}{b}\right)^2}} \tag{2.64}$$

其中　　　　　$$\lambda_0=c/f,\quad T_d=\mathrm{e}^{-\lambda_c d},\quad \Gamma_c=\frac{Z_c-Z_0}{Z_c+Z_0} \tag{2.65}$$

式中　　S_{11}、S_{21}、S_{22}、S_{12}——四个 S 参数；

　　　　　　d——样品长度；

　　　　　　T_d——传输系数；

　　　　Z_c、γ_c，Z_0、γ_0——分别为介质段、空气段的特征阻抗和传播常数；

　　　　　　λ_c——波导的截止波长，仅与传输波型和波导尺寸有关，对 TE_{10} 波，$m=1$，$n=1$；

c——光速；

λ_0——空气中电磁波的波长；

μ_0——空气的磁导率；

ε_r、μ_r——介质相对复介电常数、相对磁导率；

Γ_c——电磁波在介质段的反射系数。

这里，所测得的 S 参数是同轴线校准端面的参数，一般地，将其等同于介质两端的 S 参数，代入到散射方程中可得到以下一些式子：

$$\frac{S_{11}^2-S_{21}^2+1}{2S_{11}}=\frac{1+\Gamma_c^2}{2\Gamma_c}, \quad K=\frac{S_{11}^2-S_{21}^2+1}{2S_{11}}, \quad \Gamma_c=K\pm\sqrt{K^2-1} \quad (2.66)$$

$$\frac{S_{11}^2-S_{21}^2+1}{2S_{21}}=\frac{1+T_d^2}{2T_d}, \quad M=\frac{S_{11}^2-S_{21}^2+1}{2S_{21}}, \quad T_d=M\pm\sqrt{M^2-1}=Te^{j\theta}$$

$$(2.67)$$

$$\widetilde{Z}_c=\frac{Z_c}{Z_0}=\frac{1+\Gamma_c}{1-\Gamma_c}, \quad \gamma_c=-\frac{1}{l}\ln(T_d)=-\frac{1}{l}\ln(T)+j(\theta\pm2n\pi) \quad (2.68)$$

其中，$n=0$，1，2，$\cdots$，T_d 和 Γ_c 均小于 1。

若被测介质的反射系数和传播系数均已知，可以用下列两公式中的其中之一计算出介质复介电常数 ε_r：

$$\varepsilon_r\big|_{\gamma_c}=-\gamma_c^2\left(\frac{\lambda_0}{2\pi}\right)^2+\left(\frac{\lambda_0}{\lambda_c}\right)^2 \quad (2.69)$$

$$\varepsilon_r\big|_{Z_c}=\left(\frac{\lambda_0}{\lambda_c}\right)^2+\frac{1}{\widetilde{Z}_c^2}\left[1-\left(\frac{\lambda_0}{\lambda_c}\right)^2\right] \quad (2.70)$$

与其他方法相比，波导法存在以下不足之处：

（1）使用同轴波导转换器，通过测量 S 参数反算介质介电常数，应该采用介质两端的散射参数，然而，传统的做法是将网络分析仪测得的同轴波导口的散射参数等同于介质两端的散射参数，会带来误差，因为忽略了传输线的非匹配误差。

（2）测量时，待测介质的试件需完全充满于波导腔内。这一点实际操作时很难做到，因为这样要求就意味着：①试件长度需与测量波导腔长度完全一致，不能有差异，否则会产生较大的测量误差；另外，试验表明：当试件长度与波导腔尺寸不一时，试件在波导腔内放置的位置不同测量结果也不同，对测量精度有较大影响。因此，需根据波导腔的尺寸来制作试件并严格控制其精度，如此操作，试件尺寸也就受到极大限制，且往往与相关试验规范要求的尺寸不一致，使得后期的其他试验难操作或试验结果与同行业内结果无法作比较分析。②试件难以充满于波导腔内，试件与波导腔四周之间以及沿试件长度方向就有可能存在极小的空气缝隙，尽管缝隙的尺寸微小，但经过 NRW TR 反算后，介质的介电常数仍有较大差异，影响最终的测量精度。

（3）波导法测量介质介电常数时，须将待测试件放置于波导腔内，若直接放入，像水泥混凝土和沥青混合料这样强硬粗糙的试件，势必会对波导造成一定程度的损坏和污染，影响以后的使用。

（4）波导法存在多值、厚度谐振现象。由式（2.61）～式（2.68）知：在某些频率点上，当试件长度为这些频点半倍波导波长的整数倍时，$S_{11} \rightarrow 0$，K有极大不确定性，使得测量结果有一个峰值点，该现象为厚度谐振现象；此外，因 n 的多值性，γ_c 也存在多个值，测量结果也存在多值问题，如何判断和取舍成了一大难题。

2.4.3　自由空间波法

自由空间波法（Free Space）和同轴探头法和波导法一样，都属于传输线法，均是通过网络分析仪测量电磁波的传输参数以计算待测介质的复介电常数，系统组成如图 2.15 所示。

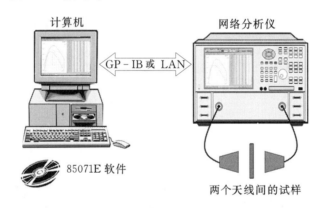

图 2.15　自由空间波法测量系统[71]

用自由空间波法测量时，需要仔细选择天线参数和传输线性能等因素，以保证满足天线平行于待测试样、试样处于非无功区域等测试要求，该方法可进行一定场合介电常数的非损伤宽频带扫频（5～325GHz）测量，见图 2.16。

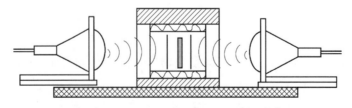

图 2.16　自由空间波法测量系统[71]

图 2.17 是安捷伦公司提供的自由空间波法测量介质介电常数的实物图，

自由空间法分为反射式自由空间波法和透射式自由空间波法。顾名思义，反射式是通过测量反射波的相关参数来计算复介电常数，透射法则是通过透射波相关参数的测试来计算复介电常数。应用反射式自由空间波法测量介质介电常数时，为了只接受目标体表面的反射波，常常在被测试样的周围铺上大面积的吸波材料，以将无用的散射波完全吸收。用户根据需要选择恰当的方法来完成预期的测试任务。

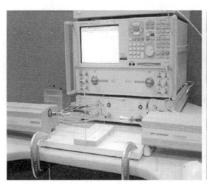

图 2.17　自由空间波法测量介质介电常数实物图[71]

　　自由空间波法测量介电常数时，被测介质横向尺寸要足够大，厚度为 d 的平板材料，如图 2.18 所示。电磁波垂直入射被测平板中，传播方向为 z，入射波在空气与介质交界面将产生反射和透射现象，形成反射波和透射波。

　　若将介质视作两端口网络，测量反射波、透射波，依据式（2.71）和式（2.72）计算散射参数 S_{11} 和 S_{21}：

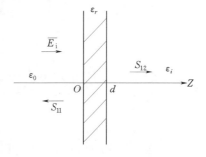

图 2.18　电磁波穿过介质
平板示意图

$$S_{11} = \frac{\Gamma(1-T^2)}{1-\Gamma^2 T^2} \tag{2.71}$$

$$S_{21} = \frac{T(1-\Gamma^2)}{1-\Gamma^2 T^2} \tag{2.72}$$

式中　Γ、T——分别为界面处的反射系数和传输系数。

$$\Gamma = \frac{\eta_r - 1}{\eta_r + 1} \tag{2.73}$$

$$T = e^{-\gamma d} \tag{2.74}$$

式中　η_r——介质的相对特性阻抗；

　　　　γ——传播常数。

η_r、γ 与复介电常数之间存在以下关系：

$$\eta_r = \frac{1}{\sqrt{\varepsilon_r}} \tag{2.75}$$

$$\gamma = \mathrm{j} k_0 \sqrt{\varepsilon_r} \tag{2.76}$$

由式（2.73）～式（2.74）可求得特性阻抗和传播常数为

$$\eta_r = \pm \sqrt{\frac{(S_{11}+1)^2 - S_{21}^2}{(S_{11}-1)^2 - S_{21}^2}} \tag{2.77}$$

$$\gamma = -\frac{1}{d} \ln \left[\pm \frac{S_{21}(\eta_r+1)}{S_{11}(\eta_r-1)-(\eta_r+1)} \right] + \mathrm{j} \frac{2n\pi}{d} \quad (n=0,1,2,3,\cdots) \tag{2.78}$$

试样厚度 d 小于一个波长时，$n=0$；d 在一个波长和两个波长之间时，$n=1$，以此类推。据 η_r 和 γ 物理意义，上两式中正负号选取应使 $\mathrm{Re}(\eta_r)>0$，$\mathrm{Im}(\gamma)>0$，这样可得到计算复介电常数的公式：

$$\varepsilon_{r1} = \frac{1}{\eta_r^2} \tag{2.79}$$

$$\varepsilon_{r2} = \frac{\gamma^2}{k_0^2} \tag{2.80}$$

同时，联立式（2.77）和式（2.78），可得到计算 ε_r 的另一个表达式：

$$\varepsilon_{r3} = \frac{\gamma}{\eta_r k_0} \tag{2.81}$$

且上述三个计算介电常数公式存在以下关系：

$$\varepsilon_{r3} = \sqrt{\varepsilon_{r1} \varepsilon_{r2}} \tag{2.82}$$

理论上，上述三个公式计算出的介电常数应该相同，但由于测量的误差，会有些差异，可通过误差分析进行相互佐证。

当试样厚度 d 为半波长的整数倍时，测量得到 S_{11} 将趋近于 0，式（2.79）计算的结果会不稳定，因此据式（2.79）计算的复介电常数存在稳定性问题。但因该式中不含试样厚度 d 和 n 值等参数，所以不存在相位模糊性问题。然而，当 n 值未知时，式（2.80）会出现相位模糊性问题，但不存在稳定性问题。为有效解决不稳定性和相位模糊性问题，两式综合应用较好。此外，试验研究表明[77]：综合应用上述三个式子，可以有效解决诸多问题，以使该测试技术在实际测量中具有更广泛的应用价值。与同轴探头和波导法相比，自由空间法可开放式进行大面积试样的宏观介电常数测量，测量时不接触试样、无破坏；不仅可测试样的宏观复介电常数，而且还可以直接测得微波遥感散射机理研究中其他散射系数。缺点是测量精度相对较低。

综上所述，上述三种常见的介电常数测试方法各有千秋，究竟何种方法较为适宜，还得根据测量频率和测试的精度等多方面的要求而定。对沥青混合料和水泥混凝土两种复合材料，波导法因对试件尺寸制作要求高，且测量时须保证试件几何尺寸和波导腔的几何尺寸高度一致，否则会引起较大测量误差，因此波导法不太适合。自由空间波法较适宜测量大体积板状试样或易摊铺的粉末材料的介电常数，也不太适合。而同轴探头法对试件尺寸要求不太苛刻，测量频率也与研究内容较匹配，可通过多次测量取平均值的方法提高测量精度，因此本试验数据是用 Agilent E5071C 网络分析仪、终端开路同轴探头，并搭配相关软件进行测量的。

2.5　本章小结

复合材料产生何种极化不仅与物质内部结构有关还与电磁波的频率有关，不同极化对应于不同频率。因此，描述材料极化的介电常数也并非定值，它随着频率、温度以及复合材料的材料成分不同而改变。水泥混凝土和沥青混合料介电常数随频率和温度变化规律有待于进一步研究分析。

矢量网络分析仪测试沥青混合料和水泥混凝土两种复合材料介电常数的方法各有千秋。波导法因对试件尺寸制作要求高，且测量时须保证试件几何尺寸和波导腔的几何尺寸高度一致，否则会引起较大测量误差，因此波导法不太适合。自由空间波法较适宜测量大体积板状试样或易摊铺的粉末材料的介电常数，也不太适合。而同轴探头法对试件尺寸要求不太苛刻，测量频率也与研究内容较匹配，因此沥青混合料和水泥混凝土两种复合材料复介电常数测量就采用这种方法。至于测试精度，可通过多次测量取平均值的方法加以提高，因此本试验数据是用 Agilent E5071C 网络分析仪、终端开路同轴探头，并搭配相关软件进行测量的。

3 水泥混凝土介电特性和介电模型研究

3.1 概述

水泥混凝土在土木工程中，如在桥梁、混凝土坝、房屋建筑、高速公路等领域均有广泛应用，是常见的建筑材料之一。不同工程对混凝土要求不同，这使得混凝土材料配比、含水量、密实度、强度和厚度等属性参数也不同，这些参数影响着工程的质量，而质量和性能又直接决定着建筑物的安全性、适用性和耐久性，且与服务功能和使用寿命等息息相关。如何进行水泥混凝土的质量检测和内部损伤探测呢？目前，方法很多，大致可以分为有损检测和无损探测两大类：有损检测方法很多，例如，钻芯取样法，在试验室内通过芯样可以测量混凝土的厚度、强度、密实度和含水量及初步判断混凝土内部硬化情况等，从而进行工程质量评价。该方法的主要缺点是检测的同时对原建筑物有损伤，另外，因取样数量有限，代表性差。无损探测技术也有很多种，其中，基于电磁波理论的检测技术（如探地雷达、网络分析仪等）因其具有高效、快速、无损等一系列优点，越来越受到工程界人士的青睐，在工程中广泛应用。

由第 1 章知，电磁波检测技术获得的最基本参数是介电常数，而不是质检参数，但混凝土介电常数与其组成成分介电特性和体积率有关，可通过介电模型，由介电常数计算体积率等参数，从而得到混凝土有关的质检参数，因此，应用该技术的前提和关键是研究分析水泥混凝土介电特性，建立介电模型，为质检指标的测量奠定基础。

国内外学者对复合材料介电模型作了较多研究工作[78,79]，先后提出不同的介电模型[80-82]，具有代表性的有线性模型、平方根模型和 Rayleigh 模型等[30,33,66]。这些模型是在不同的假定条件下研究不同的复合材料时提出的，因此有一定适用范围，如均方根模型被广泛应用于土壤学和地球物理等领域，用来描述天然地物的介电特征，公式适用条件为介质最大粒径远小于电磁波波长。对普通硅酸盐水泥混凝土，因骨料粒径较大难以满足上述条件，因此上述模型的适用性有待于研究分析，郑州大学利用介电常数仪对水泥混凝土的介电特性进行了实验分析，试验研究表明，上述三种模型需要修正后才适于水泥混凝土[5,82]；中国海洋大学学者研究发现：渠道衬砌混凝土在浇筑 15d 内，介电常数变化规律符合线性模型；15d 后实测值接近平方根模型[53]，但也需修正，文中采用探地雷达测试，天线中心频率为 1.5GHz；2011 年，武汉理工大学陈伟等用 1.5GHz 探地雷达对新拌混凝土拌和物的介电常数进行测试和分析，并建立了考虑温度和掺和料因素在内的串—并联混合模型[21]。

综述上述研究成果可见：水泥混凝土介电模型尚处研究探索阶段，因混凝土组成、龄期、所处环境温度和测试频率等均会影响介电常数，使得其介电模型难以建立，且大多数模型没有综合考虑温度、频率的影响。

针对上述水泥混凝土介电模型建立中存在的问题，本研究首先从水泥混凝土自身特点入手，结合电磁波理论的麦克斯韦方程，引入了一种新的介电常数模型。通过分析温度和频率对水泥混凝土及其各成分的影响，探索两因素各自的影响规律，并基于影响规律建立综合考虑温度、频率的介电常数模型。

为详细了解水泥混凝土的介电特性以建立合适的介电模型，郑州大学王复明教授领导的科研团队依托河南省重大科技攻关项目（编号：092101510100）于 2010 年 8 月开始对水泥混凝土和沥青混合料进行了介电特性试验研究。试验中应用安捷伦公司生产的矢量网络分析仪对水泥混凝土和沥青混合料在 500MHz～2.5GHz 范围内的介电常数进行测量，具体试验过程见课题组王涛和刘化学的硕士生论文[23,26]。

本章结合试验数据，分析影响两种复合材料介电特性的因素及其影响规律，综合考虑温度和频率的影响，建立综合介电模型并结合试验数据检验综合介电常数模型的适用性和精确性。本章主要研究内容如下：

（1）基于电磁波传播理论，推导混凝土介电常数理论模型。

（2）分析温度和频率对水泥混凝土及其各成分的影响，鉴于温度、频率的影响规律，建立综合考虑频率、温度的介电模型。

（3）进行水泥净浆、水泥混凝土介电特性试验研究，测量 28d 龄期内普通硅酸盐水泥混凝土、水泥净浆、骨料介电常数和三相体积率，分析混凝土介电常数与各组成成分介电常数、体积率等之间关系，对介电模型进行试验验证，必要时，可根据试验进行相关的修正，建立最终的含温度和测试频率在内的综合介电模型。

3.2　水泥混凝土介电模型的理论推导

常见的一些介电模型是基于一定的假设条件建立的，比如，立方根模型就要求"混合物各成分之间的介电常数之差小于它们本身的介电常数"[47]，从水泥混凝土材料特点来看，满足不了这一要求，为此需要根据水泥混凝土特点，从理论出发建立合适的介电模型。电磁波检测技术的基本原理：当电磁波在结构中传播时会在介电性质突变处产生反射和透射，分析反射波或透射波的信号，推求介质的介电常数、电导率等参数，然后利用这些参数推断结构层介质的性质、状态和位置等特征。因此，分析某种介质介电特性，须研究电磁场中该介质的反应。

设水泥混凝土是由骨料、水泥净浆、空气等几种不同物质混合而成，将其近似看作各向同性材料，其介电常数用等效介电常数 $\varepsilon_{混}$ 表示，研究水泥混凝土内部小区域内的平均电场，由麦克斯韦方程可得[47]

$$\langle \boldsymbol{D} \rangle = \varepsilon_{混} \langle \boldsymbol{E} \rangle \tag{3.1}$$

式中　$\boldsymbol{D}$——电位移矢量；

　　　$\boldsymbol{E}$——电场强度；

符号〈　〉——表示求平均值，采用国际单位制。

电场强度可表示为

$$\boldsymbol{E} = \langle \boldsymbol{E} \rangle + \delta \boldsymbol{E} \tag{3.2}$$

上式中 $\delta \boldsymbol{E}$ 为介质中各点电场强度的变化量。同理，介电常数 ε 也可表示为

$$\varepsilon = \langle \varepsilon \rangle + \delta \varepsilon \tag{3.3}$$

由此可得

$$\langle \boldsymbol{D} \rangle = \langle (\langle \varepsilon \rangle + \delta \varepsilon)(\langle \boldsymbol{E} \rangle + \delta \boldsymbol{E}) \rangle = \langle \varepsilon \rangle \langle \boldsymbol{E} \rangle + \langle \delta \varepsilon \delta \boldsymbol{E} \rangle \tag{3.4}$$

为求 $\langle \delta \varepsilon \delta \boldsymbol{E} \rangle$，由方程 $\nabla \cdot \boldsymbol{D} = 0$ 可得

$$\nabla \cdot \boldsymbol{D} = \nabla \cdot (\varepsilon \boldsymbol{E}) = \boldsymbol{E} \cdot \nabla \varepsilon + \varepsilon \nabla \cdot \boldsymbol{E} = 0$$

则

$$\nabla \cdot \boldsymbol{E} = -\frac{1}{\varepsilon} \boldsymbol{E} \cdot \nabla \varepsilon \tag{3.5}$$

由式（3.2）和式（3.5）可得

$$\nabla \cdot \delta \boldsymbol{E} = -\boldsymbol{E} \cdot \nabla \ln \varepsilon \tag{3.6}$$

以 $\langle \boldsymbol{E} \rangle$ 代替上式右端 $\boldsymbol{E}$ 的，并把 $\delta \boldsymbol{E} = -\nabla \delta u$ 代入上式左端，其中 u 为电位函数，由此可近似得到

$$\nabla^2 \delta u = \langle \boldsymbol{E} \rangle \cdot \nabla \ln \varepsilon \tag{3.7}$$

两边求梯度得

$$\nabla^2 \delta \boldsymbol{E} = (\langle \boldsymbol{E} \rangle \cdot \nabla) \nabla \ln \varepsilon \tag{3.8}$$

首先对各种成分各颗粒的体积求平均，即保持 ε 不变求平均，因假定混合物是各向同性的，经平均后上式右端的算符变为 $\frac{1}{3} \nabla^2$，于是得

$$\langle \delta \boldsymbol{E} \rangle = -\frac{1}{3}\langle \boldsymbol{E} \rangle \ln \varepsilon \tag{3.9}$$

上式两边同乘以 $\delta \varepsilon$，并对混合物各成分求平均，得

$$\langle \delta \varepsilon \delta \boldsymbol{E} \rangle = -\frac{1}{3}\langle \boldsymbol{E} \rangle \langle \delta \varepsilon \ln \varepsilon \rangle \tag{3.10}$$

代入式（3.4）得

$$\langle \boldsymbol{D} \rangle = \left[\langle \varepsilon \rangle - \frac{1}{3}\langle \delta \varepsilon \ln \varepsilon \rangle\right]\langle \boldsymbol{E} \rangle$$

与式（3.1）比较，则有

$$\varepsilon_{混} = \langle \varepsilon \rangle - \frac{1}{3}\langle \delta \varepsilon \ln \varepsilon \rangle$$

$$= \sum_{i=1}^{n} v_i \varepsilon_i - \frac{1}{3}\sum_{i=1}^{n} v_i(\varepsilon_i - \langle \varepsilon \rangle)\ln \varepsilon_i \tag{3.11}$$

本研究首次将该模型引入用来描述水泥混凝土的介电特性，并在其基础上，将综合分析频率和温度对介电常数的影响以建立了综合水泥混凝土介电模型。

下面就从温度和频率两方面分析其对水泥混凝土及其组成成分介电常数的影响，以探讨各自的影响规律，并纳入到式（3.11）所示的介电模型中以建立综合考虑温度和频率的水泥混凝土介电模型。

3.3 温度对介电常数的影响

由物理学的能量与熵原理知：一般情况下，材料温度的增加会影响分子间排序，温度越高，材料从外界获得热能越多，分子活跃程度就越大，分子越活跃就会使得外加电场作用下的极化受到扰动，极化效果不再那么明显，因此介电常数会降低。

当然，温度对介电常数的影响程度还与介质的内部结构有关：由第 2 章分析可知，对于偶极液体和气体，影响较大，温度升高会使介电常数减小；对于固体，分子间排序较液体、气体稳定，影响较小；对于高分子材料，特别是无极性的高分子材料，因分子间排序更稳定，其介电常数在高频范围内受温度影响更小。

介电常数随温度变化的多少常通过温度影响系数来描述和刻画。由 2.3.3 节克劳修斯—莫索谛方程、昂札杰、寇克伍德理论等[73]知，在一定温度范围内，介电常数的温度影响系数为

$$\alpha_\varepsilon = \frac{1}{\varepsilon}\frac{\mathrm{d}\varepsilon}{\mathrm{d}T} \tag{3.12}$$

式中　ε——介电常数；

$\quad\quad T$——温度，℃；

$\quad\quad \alpha_\varepsilon$——介电常数的温度影响系数，$℃^{-1}$。

温度影响系数的物理意义是一定温度范围内、温度每升高 1℃ 时介电常数的平均变化率。

由微分原理可知，当温度差别较小时，式（3.12）可写成差分的形式：

$$\alpha_\varepsilon = \frac{1}{\varepsilon}\frac{\Delta\varepsilon}{\Delta T}$$

为方便进行不同温度下介电常数的对比分析，可将不同温度下的介电常数统一化为 20℃ 温度时的介电常数，假定 ΔT 区间内介电常数不变，只在区间末端变化，这样上式可写成

$$\alpha_\varepsilon = \frac{1}{\varepsilon}\frac{\Delta\varepsilon}{\Delta T} = \frac{1}{\varepsilon_{20}}\frac{\varepsilon_T - \varepsilon_{20}}{T - 20}$$

式中　ε_T——温度为 T℃ 的介电常数；

$\quad\quad \varepsilon_{20}$——温度为 20℃ 的介电常数。

这样，任意温度下的介电常数 ε_T 或 ε_{20} 可分别由式（3.13）和式（3.14）计算：

$$\varepsilon_T = \varepsilon_{20}\left[1 + (T - 20)\alpha_\varepsilon\right] \tag{3.13}$$

$$\varepsilon_{20} = \frac{\varepsilon_T}{\left[1 + (T - 20)\alpha_\varepsilon\right]} \tag{3.14}$$

通常情况下，可以通过测量材料在不同温度下的介电常数值来确定介电常数的温度影响系数 α_ε。实际应用中，温度影响系数 α_ε 的取值可正可负可为零，相应的介质也称为正、负和零温度系数材料。当 α_ε 为正值时，表示随着温度的升高，介电常数是增加的，反之是下降或不变的。

3.3.1　温度对水泥净浆介电常数的影响

温度对水泥净浆介电特性的影响主要体现在对水的影响上，纯水（蒸馏水）随温度的变化大致规律见图 3.1。由图可知，随温度升高，纯水的介电常数大致呈线性关系下降，温度影响系数 $\alpha_{\varepsilon w} = -0.29/℃$ 左右。"这是因为随着温度的升高，分子的热运动加强，妨碍水分子的偶极子转向极化"[21,83]。

3.3.2　温度对空气介电常数的影响

将水泥混凝土中的空气视为干燥空气，其中的水分归纳到含水量中。干燥空气是由多种气体混合而成，所以遵循混合气体随温度的变化规律，在 2.2.3

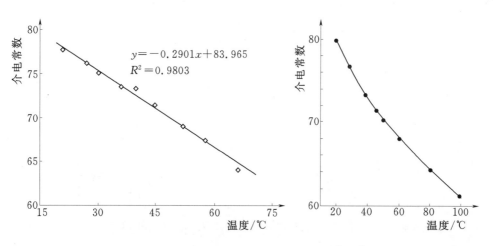

图 3.1 温度对纯水介电常数的影响[21,83]

节已讨论过混合气体等介电常数随温度的变化规律：随温度的升高而下降，具体如图 3.2 所示[72]。

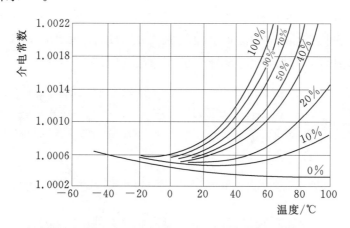

图 3.2 温度对不同湿度空气介电常数的影响[72]

图 3.2 是实测的不同湿度条件下空气介电常数随温度的变化规律，干燥空气介电常数随温度升高大致呈线性关系下降，$\alpha_{\varepsilon a} \approx -2.86 \times 10^{-6}/℃$。

3.3.3 温度对骨料介电常数的影响

文献对干燥岩石（0～100℃）的介电常数进行了测量，介电常数随温度的变化见图 3.3。由图可知，"干燥岩石介电常数随温度升高而增大，主要是因为干燥岩石的介电常数由位移极化决定"[83]，温度影响系数 $\alpha_{\varepsilon s} = 0.004 \sim 0.01/℃$ 左右。

有上述分析可知：水泥混凝土组成材料中，水和空气的介电常数均随温度升高而减小，骨料介电常数随温度升高而升高。并且，水的介电常数受温度的影响较大，其温度影响系数约为$-0.29/℃$；骨料次之，温度影响系数约为$0.004\sim0.01/℃$；空气最小，温度影响系数仅有$-2\times10^{-6}/℃$。

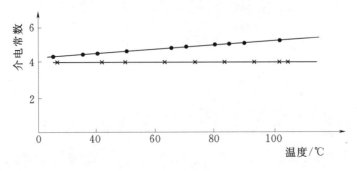

图 3.3　干燥岩石介电常数与温度关系（$f=30\text{MHz}$）[83]

3.3.4　温度对水泥混凝土介电常数的影响

水泥混凝土作为由上述三种成分组成的混合物，其介电常数又随温度怎样变化呢？相关试验研究了温度对水泥混凝土介电常数的定量关系式，发现两者具有较好的线性相关性，介电常数随着温度的增加而减小，如图 3.4 所示，并通过实验数据拟合，确定水泥混凝土的温度影响系数 α_ε[21,84]。

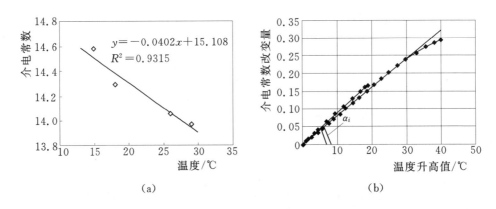

| (a) | (b) |

图 3.4　温度对水泥混凝土介电常数的影响

（a）温度对新拌水泥混凝土介电常数的影响（$\alpha_\varepsilon\approx-0.04/℃$）；（b）温度对已硬化的
高强水泥混凝土介电常数的影响（$\alpha_\varepsilon\approx-0.008/℃$）

由图 3.4 知，不同龄期的水泥混凝土，温度影响系数不同：新拌水泥混合料，$\alpha_\varepsilon=-0.0402/℃$；已硬化的水泥混凝土，$\alpha_\varepsilon\approx-0.008/℃$。分析其原因，主要是因为水的介电常数随温度下降比较厉害，新拌水泥混合料因含水量较大所以介电常数变化大；而硬化的水泥混凝土含水量较小，因此介电常数下降幅度较小。

3.4 频率对介电常数的影响

3.4.1 频率对水泥净浆介电常数的影响

在实验室内对水泥净浆在不同频率下的介电常数进行了测量，见图3.5。由图3.5知：在500MHz～2.5GHz频率范围内，水泥净浆介电常数随频率增加逐渐下降，而且大致呈指数规律下降。这主要是水泥净浆介电常数与其极化类型有关，随着频率的增加，介质内部的某些极化现象减弱，由于材料内部一定的阻力，使偶极子转向极化跟不上场频变化的速度，甚至有些偶极子停止反转，出现频散现象，总的来说，随着频率的升高，水泥净浆的介电常数减小。

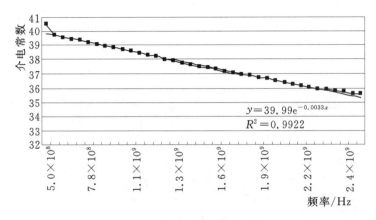

图3.5 水泥净浆介电常数随频率的变化规律
(P.O 32.5，$W/C=0.6$，龄期：1d)

3.4.2 频率对骨料介电常数的影响

骨料的介电常数随频率的变化见图3.6，骨料的介电常数随频率升高而有

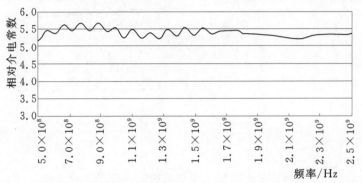

图3.6 骨料介电常数与频率关系图

所下降，主要是因为骨料频散与骨料内部结构和极化类型有关，当频率大于几百赫兹时，体积极化消失；当频率大于 10^9 Hz 时，转向极化将随着频率增加而减弱，当频率高至偶极子跟不上电场变化的频率时，骨料中将仅有位移极化，所以在 500MHz～2.5GHz 范围内，骨料的介电常数随着频率增加而减小。

3.4.3 频率对空气介电常数的影响

空气的介电常数随频率的变化见图 3.7，空气的介电常数随频率升高而有所下降。因为空气是混合气体，满足气体一般规律，当频率增加时，极化速率跟不上电场变化的频率时，介电常数随着频率增加而减小。

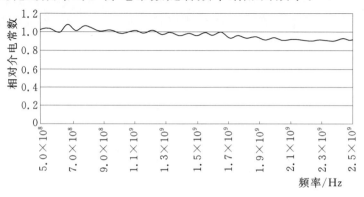

图 3.7　空气介电常数与频率关系图

3.4.4 频率对水泥混凝土介电常数的影响

在 500MHz～2.5GHz 频率范围内，水泥混凝土介电常数具有明显的频散特性[24]。在实验室内利用网络分析仪测量不同频率下的水泥混凝土介电常数，见图 3.8。图 3.8 数据是其中一种类型水泥混凝土试件在 3d 龄期时的实测值，

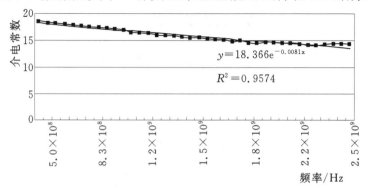

$$y = 18.366e^{-0.0081x}$$

$$R^2 = 0.9574$$

图 3.8　水泥混凝土介电常数随频率的变化曲线
（P.O 32.5，$W/C = 0.4$，龄期：3d）

所用试件是由水泥 P.O 32.5 在水灰比为 0.4 情况下浇筑而成，其他类型试件的介电常数变化规律与此大致相同，这里就不再一一列举。

由图 3.8 可知，介电常数随着电磁波频率升高，介电常数大致呈指数规律减小。这主要是因为随着电场频率的增加，水泥混凝土内部的某些极化现象减弱或极性材料的偶极子反转跟不上电场频率变化的速度，甚至有些偶极子停止反转，导致极化减弱，因此随着频率的升高，水泥混凝土介电常数减小。

3.5 综合考虑温度、频率介电模型的建立

由前面的分析知，水泥混凝土介电常数随温度大致呈线性减小，随频率呈指数规律减小。下面就基于温度和频率的影响规律，以式（3.11）为基础，建立综合考虑温度和频率的水泥混凝土介电模型。

1. 考虑温度时

在进行介电常数的对比分析时，为了消除温度的影响，通常也将不同温度下水泥混凝土的介电常数统一化为 20℃ 温度时的介电常数，转化关系如式（3.13）所示。

鉴于温度对水泥混凝土的影响，建立水泥混凝土介电模型时需进行温度修正，若考虑温度影响，水泥混凝土的介电模型变为

$$\varepsilon_{混T} = \Big[\sum_{i=1}^{n}v_i\varepsilon_i - \frac{1}{3}\sum_{i=1}^{n}v_i(\varepsilon_i - \langle\varepsilon\rangle)\ln\varepsilon_i\Big]_{20}\big[1 + (T-20)\alpha_\varepsilon\big] \qquad (3.15)$$

其中 $\Big[\sum_{i=1}^{n}v_i\varepsilon_i - \frac{1}{3}\sum_{i=1}^{n}v_i(\varepsilon_i - \langle\varepsilon\rangle)\ln\varepsilon_i\Big]_{20} = \sum_{i=1}^{n}v_i\varepsilon_{i,20} - \frac{1}{3}\sum_{i=1}^{n}v_i(\varepsilon_{i,20} - \langle\varepsilon_{20}\rangle)\ln\varepsilon_{i,20}$

$$\varepsilon_{i,20} = \frac{\varepsilon_{i,T}}{[1 + (T-20)\alpha_\varepsilon]}$$

$$\langle\varepsilon_{20}\rangle = \sum_{i=1}^{n}v_i\varepsilon_{i,20}$$

式中　$\varepsilon_{i,20}$——温度为 20℃ 时，成分 i 的介电常数；

　　　　$\varepsilon_{i,T}$——温度为 T℃ 时，成分 i 的介电常数。

2. 考虑频率时

根据试验数据得出的统计规律，任意频率对应下的介电常数与频率之间满足下列指数关系：

$$\varepsilon_f = A_f e^{-\beta_f f} \qquad (3.16)$$

式中　ε_f——频率为 f 时的介电常数；

　　　　A_f、β_f——待定常数。

同温度对介电常数影响的处理办法一致，为消除频率的影响，方便不同测量频率下数据的对比，将不同频率下测量的介电常数化为某一指定频率 f_1 下的介电常数。对于指定频率 f_1，同样也满足上述指数规律：

$$\varepsilon_{f_1} = A_{f_1} e^{-\beta_1 f_1} \tag{3.17}$$

式中　ε_{f_1}——频率为 f 时的介电常数；

　　A_{f_1}、β_1——待定常数。

联立式（3.16）和式（3.17）可得

$$\varepsilon_f = \varepsilon_{f_1} + (A_f e^{-\beta_f f} - A_{f_1} e^{-\beta_1 f_1}) = \varepsilon_{f_1} + A e^{-\alpha \frac{f}{f_1}} \tag{3.18}$$

其中
$$A = \frac{A_f}{A_{f_1}}, \quad \alpha = \frac{\beta_f}{\beta_{f_1}}$$

式中　A、α——分别为待定常数；可由试验数据确定。

3. 同时考虑温度、频率时

若同时考虑温度和频率的影响，由式（3.18）可得

$$\varepsilon_{混 fT} = \left\{ \left[\sum_{i=1}^{n} v_i \varepsilon_i - \frac{1}{3} \sum_{i=1}^{n} v_i (\varepsilon_i - \langle \varepsilon \rangle) \ln \varepsilon_i \right]_{20} \left[1 + (T - 20)\alpha_\varepsilon \right] \right\}_{f_1} + A e^{-\alpha \frac{f}{f_1}} \tag{3.19}$$

其中
$$\left\{ \left[\sum_{i=1}^{n} v_i \varepsilon_i - \frac{1}{3} \sum_{i=1}^{n} v_i (\varepsilon_i - \langle \varepsilon \rangle) \ln \varepsilon_i \right]_{20} \left[1 + (T - 20)\alpha_\varepsilon \right] \right\}_{f_1}$$

$$= \left[\sum_{i=1}^{n} v_i \varepsilon_{i,20,f_1} - \frac{1}{3} \sum_{i=1}^{n} v_i (\varepsilon_{i,20,f_1} - \langle \varepsilon_{20,f_1} \rangle) \ln \varepsilon_{i,20,f_1} \right] \left[1 + (T - 20)\alpha_\varepsilon \right]$$

$$\varepsilon_{i,20,f_1} = \frac{\varepsilon_{i,T,f_1}}{\left[1 + (T - 20)\alpha_\varepsilon \right]}$$

$$\langle \varepsilon_{20,f_1} \rangle = \sum_{i=1}^{n} v_i \varepsilon_{i,20,f_1}$$

上述介电模型中，温度变化系数 α_ε、待定常数 A、α 均由试验数据来确定，必要时还可根据试验数据对模型进行修正。

3.6　水泥混凝土介电特性试验成果分析

为详细了解水泥混凝土的介电特性和影响因素、验证上述理论介电模型对于水泥混凝土适用性和计算精度，并通过试验初步确定介电常数的温度变化系数 α_ε 及待定常数 A，郑州大学依据《公路路面基层施工技术规范》（JTJ 034—

2000）[85] 和《公路土工试验规程》（JTG E40—2007）[86]，于 2010 年在实验室内制作了水泥混凝土试件，对不同强度等级和不同水灰比的普通硅酸盐水泥混凝土进行了介电特性试验。

根据上述试验目的和相关规范的试验要求，制定具体的试验步骤和试验内容，详细流程如图 3.9 所示。

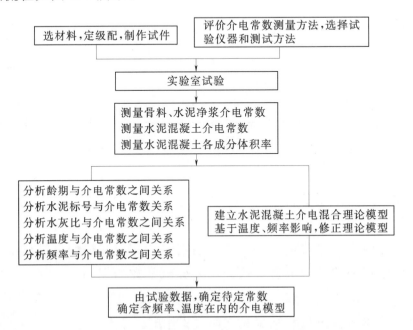

图 3.9　普通硅酸盐水泥混凝土介电特性试验流程图

由于水和水泥产生化学反应形成了新的物质——水泥净浆，其介电常数随龄期和水化程度的变化而变化，因此其介电常数须与水泥混凝土的介电常数同步测量以便分析水泥净浆含量和介电常数对混凝土介电常数的影响。水泥混凝土试件制作时，采用 P.O 32.5、P.O 42.5 两种标号的水泥；每种水泥分别采用三种不同的水灰比（water cement ratio，W/C）：0.4、0.5、0.6；共 6 组类别的试件，每组制作试件 15 个，共 90 个试件，试件尺寸为 150mm×150mm×150mm。

骨料采用石灰岩碎石，按连续级配配制，河砂和碎石级配依据表 3.1～表 3.3 进行配制。

表 3.1　　　　　　　　　水泥混凝土试件各组分用量表

水灰比	砂率 /%	水 /（kg/m³）	水泥 /（kg/m³）	砂 /（kg/m³）	碎石 /（kg/m³）
0.4	30	175	437.5	566.25	1321.25
0.5	33	175	350.0	625.35	1269.65
0.6	35	175	292.0	659.05	1223.95

表 3.2 　　　　　　　　　每个试件中砂和碎石用量 　　　　　　单位：kg

水灰比	机制砂	05骨料	12骨料	13骨料	河砂
0.4	6.615	3.307	10.56	4.960	10.95
0.5	6.393	3.196	10.20	4.790	12.11
0.6	6.422	3.211	10.25	4.816	13.30

表 3.3 　　　　　　　　　水泥混凝土矿料级配（方孔筛）

筛孔/mm	31.5	26.5	19	9.5	4.75	2.36	0.6
通过百分率/%	100	90～100	72～89	47～67	29～49	17～35	0～22

按照相同的配比，同时制备水泥净浆试件 6 组，每组 3 个试件，试件尺寸为 40mm×40mm×160mm，共 18 个试件。

介电常数测量采用 Agilent 公司生产的 E5071C 网络分析仪、终端开路同轴探头，并搭配相关软件进行测量：网络分析仪产生的电磁波经由同轴线缆和探头传到试件内，通过测量试件末端反射信号的相位和振幅，进行散射参数的测量，再利用相关软件由散射参数计算复介电常数的实部和虚部，并作为最后的输出记录下来。该仪器在（500MHz～2.5GHz）频率范围内自动化分 38 段进行扫频，具体试验过程和结果见文献 [23]。

3.6.1　水泥净浆介电特性试验分析

水和水泥混合后会发生一系列的物理化学反应，称为水化反应，并形成了新的物质——水泥净浆。水化过程中，水分存在的状态发生了变化：从原来自由状态转变为物理/化学结合状态，这一过程会引起水泥净浆介电性能的改变。此外，本研究将水泥净浆作为水泥混凝土的主要组成成分，所以在对水泥混凝土介电特性试验研究同时也对水泥净浆介电常数进行测量，分析其影响因素和变化规律。

水泥净浆试件按水泥标号、水灰比的不同，分为六组：P.O 32.5、P.O 42.5 水泥标号下分别对应三组水灰比：0.4、0.5 和 0.6，每组制作 3 个试件，试件尺寸为 40mm×40mm×160mm。实验室内对水泥净浆试件持续测量 28d。为消除测点材料不均引起差异和试件个体之间的差异，提高测量的精度，每天测量时，对每个试件 10 个不同的测点进行测量。数据整理时，先对不同测点的 10 组数据求平均值，再对同配比的 3 个试件取平均值作为最后的测量结果。水泥净浆 28d 龄期内的复介电常数见表 3.4 和表 3.5，所对应的频率为 1930MHz。

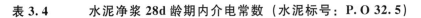

表 3.4　　水泥净浆 28d 龄期内介电常数（水泥标号：P.O 32.5）

龄期 /d	复介电常数 W/C=0.4		复介电常数 W/C=0.5		复介电常数 W/C=0.6	
	实部 ε'	虚部 ε''	实部 ε'	虚部 ε''	实部 ε'	虚部 ε''
1	30.23	9.54	34.80	12.50	36.60	11.60
2	28.27	7.77	32.00	10.20	33.40	11.30
3	26.57	6.27	30.00	8.20	31.00	9.20
4	25.12	5.20	28.40	6.80	29.50	7.60
5	24.00	4.28	27.00	5.90	27.70	6.50
6	23.25	3.64	25.90	5.10	26.30	5.60
7	22.65	3.00	25.00	4.30	25.60	5.07
8	21.89	2.73	24.40	3.84	24.79	4.60
9	21.20	2.47	23.40	3.50	24.51	4.51
10	20.86	2.21	23.05	3.50	24.00	4.23
11	20.35	2.00	22.70	3.20	23.76	3.94
12	20.00	1.85	22.50	3.00	23.47	3.76
13	19.59	1.78	22.20	2.80	23.19	3.57
14	19.25	1.64	22.00	2.50	22.91	3.57
15	19.00	1.64	21.70	2.40	22.72	3.38
16	18.73	1.64	21.50	2.30	22.54	3.29
17	18.22	1.62	21.50	2.40	22.54	3.19
18	18.00	1.62	21.30	2.30	22.25	3.10
19	17.54	1.43	21.30	2.30	22.07	3.00
20	17.46	1.35	21.00	2.30	22.00	2.91
21	17.12	1.14	21.00	2.10	22.00	2.72
22	16.78	1.07	20.90	2.00	21.88	2.72
23	16.69	1.14	20.70	1.90	21.78	2.72
24	16.61	1.07	20.50	1.70	21.60	2.63
25	16.52	1.00	20.50	1.70	21.50	2.63
26	16.35	0.94	20.50	1.70	21.50	2.54
27	16.27	0.85	20.50	1.70	21.41	2.44
28	16.27	0.85	20.50	1.70	21.13	2.44

表 3.5　　水泥净浆 28d 龄期内介电常数（水泥标号：P.O 42.5）

龄期 /d	复介电常数 $W/C=0.4$		复介电常数 $W/C=0.5$		复介电常数 $W/C=0.6$	
	实部 ε'	虚部 ε''	实部 ε'	虚部 ε''	实部 ε'	虚部 ε''
1	33.00	11.00	36.00	14.20	37.50	16.00
2	30.90	8.00	32.70	11.60	33.60	12.20
3	29.20	6.40	30.30	9.80	31.00	9.50
4	27.80	5.50	28.50	8.80	29.20	8.00
5	26.30	4.74	27.40	8.20	27.80	6.50
6	25.40	4.43	26.40	7.20	26.80	6.00
7	24.70	4.05	25.70	6.40	25.80	5.70
8	24.00	3.67	25.10	5.90	25.20	5.50
9	23.69	3.44	24.70	5.40	24.80	5.40
10	23.23	3.36	24.40	5.20	24.30	5.20
11	22.93	3.06	23.90	5.00	24.10	5.00
12	22.39	2.90	23.30	4.80	24.00	4.70
13	22.00	2.83	23.10	4.50	23.70	4.50
14	21.55	2.67	23.00	4.20	23.40	4.40
15	21.40	2.60	22.70	4.10	23.30	4.30
16	20.86	2.37	22.60	3.90	23.00	4.00
17	20.56	2.37	22.20	3.80	22.80	3.80
18	20.17	2.14	21.90	3.70	22.70	3.70
19	19.87	2.06	21.90	3.60	22.40	3.50
20	19.49	1.83	21.70	3.40	22.40	3.30
21	19.30	1.53	21.50	2.90	22.40	3.00
22	19.00	1.45	21.20	2.80	22.10	2.80
23	18.72	1.22	21.50	2.90	22.10	2.80
24	18.60	1.07	21.30	2.30	22.00	2.80
25	18.60	1.07	21.20	2.10	22.00	2.70
26	18.50	1.00	21.00	2.00	21.70	2.60
27	18.50	1.00	21.00	2.00	21.70	2.60
28	18.50	1.00	21.00	2.00	21.70	2.60

本研究着重分析水泥净浆复介电常数及其实部即相对介电常数随龄期、水灰比、水泥标号的变化规律，具体分析过程和结论如下。

1. 介电常数随龄期的变化

由表3.4、表3.5和图3.10～图3.15可知：在28d龄期内，水泥净浆试件介电常数随着龄期的增加而逐渐下降，1～7d龄期内介电常数降低速度较快，大约下降了28d总下降总量的70%左右；7～28d龄期内下降速度较为缓慢，在26d、27d、28d时介电常数基本趋向于稳定。

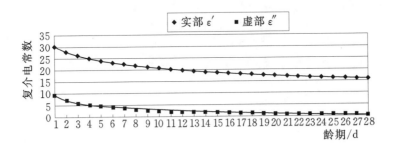

图 3.10 水泥净浆介电常数龄期内变化曲线
（水泥标号：P. O 32.5，水灰比：0.4）

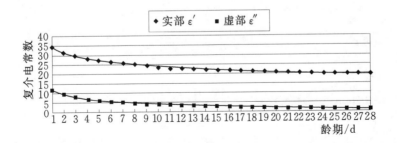

图 3.11 水泥净浆介电常数龄期内变化曲线
（水泥标号：P. O 32.5，水灰比：0.5）

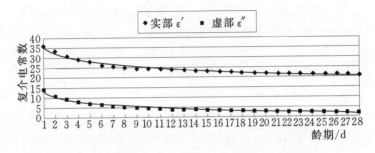

图 3.12 水泥净浆介电常数龄期内变化曲线
（水泥标号：P. O 32.5，水灰比：0.6）

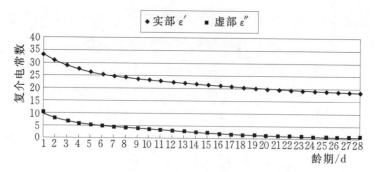

图 3.13　水泥净浆介电常数龄期内变化曲线
（水泥标号：P.O 42.5，水灰比：0.4）

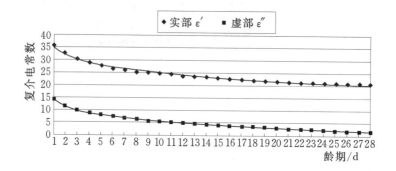

图 3.14　水泥净浆介电常数龄期内变化曲线
（水泥标号：P.O 42.5，水灰比：0.5）

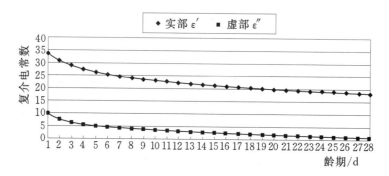

图 3.15　水泥净浆介电常数龄期内变化曲线
（水泥标号：P.O 42.5，水灰比：0.6）

出现上述现象的原因主要是因为早期（1～7d）水泥净浆中有大量水分的存在，且多以自由水的形态存在，而水介电常数较大（约为 81），这就使得水泥净浆介电常数值较大。随着龄期的增加，水泥水化作用的消耗了大量的水分，再加上试件养护过程中水分的蒸发，使得含水量减少，水泥净浆中固相产物逐渐增多，故介电常数下降的趋势减缓，后期随着水化的结束，介电常数减小的幅度越来越小，第 26d、27d、28d 基本无变化，逐渐趋于稳定。

从上述过程分析可知，介电常数随龄期变化的实质是：随着龄期的增长、水泥水化反应的进行，直接导致了水泥净浆中组成成分介电常数和体积率发生了变化：液相水的成分逐渐减少了，固相成分逐渐增多了，使得水泥净浆介电常数逐渐减小。从一定程度上，间接地验证了介电模型的合理性。

2. 水灰比对介电常数的影响

根据试验数据，分析了相同水泥标号时，不同水灰比对介电常数的影响，见表 3.4、表 3.5 和图 3.16、图 3.17，基本规律为：相同水泥标号和龄期，不同水灰比时，水泥净浆介电常数随着水灰比的增大而增大，水灰比为 0.6 时

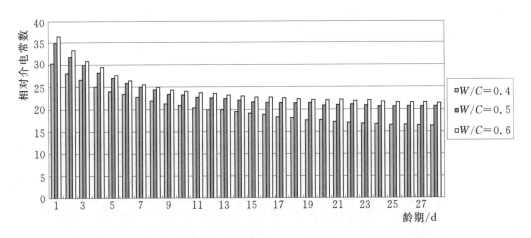

图 3.16 P.O 32.5 标号水泥介电常数随水灰比的变化规律

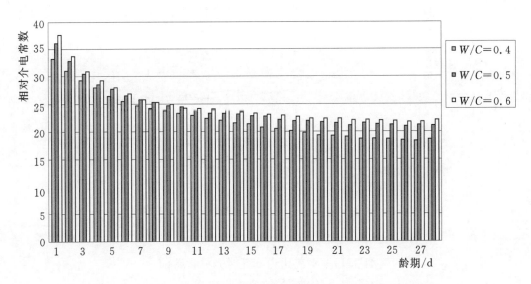

图 3.17 P.O 42.5 标号水泥介电常数随水灰比的变化规律

介电常数较大，为 0.5 时次之，为 0.4 时最小，且均随龄期递减。

导致上述现象的原因是：水灰比的大小直接影响着试件内含水量的高低，水灰比越大则含水量也相对越高，因此介电常数值也相对较大。

3. 水泥标号对介电常数的影响

对表 3.4、表 3.5 的数据进行如下分析：水灰比相同，对同龄期的两种不同水泥标号的水泥净浆的介电常数进行分析，分析结果见图 3.18～图 3.20。

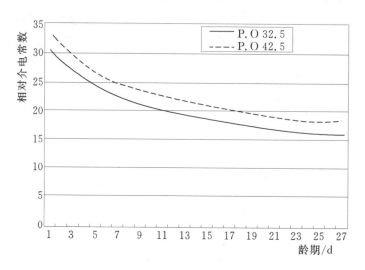

图 3.18　水灰比为 0.4 时介电常数随
水泥标号的变化规律

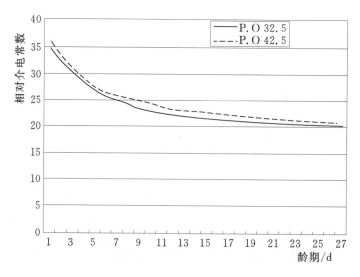

图 3.19　水灰比为 0.5 时介电常数随
水泥标号的变化规律

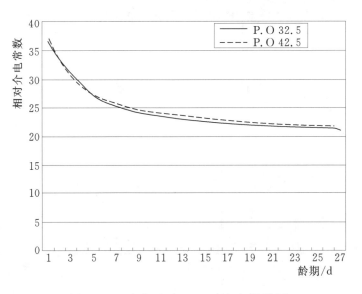

图 3.20　水灰比为 0.6 时介电常数随
水泥标号的变化规律

由图 3.18～图 3.20 可知：同龄期同水灰比不同水泥标号的水泥净浆，标号高的介电常数比低标号的稍大，水灰比为 0.4 时差别比较明显，水灰比为 0.5、0.6 时，差别不是太明显。这是由于 P.O 42.5 水泥和 P.O 32.5 水泥分子结构、矿物组成等物理特性较为接近，在电磁场作用下，分子极性差异不大，所以两种水泥净浆的介电常数相差也不大。

3.6.2　水泥混凝土介电特性试验分析

进行水泥混凝土介电特性试验时，选用两种水泥标号 P.O 42.5 和 P.O 32.5，水灰比分别为 0.4、0.5、0.6，矿料级配如表 3.3 所示，每组制作 15 个水泥混凝土试件。制作试件时，将水泥混合料用搅拌机拌和均匀，装入标准试模，采用尺寸为 150mm×150mm×150mm 立方体标准试模，试件和试模在振动台上振捣密实。试件制成后置于标准养护室内养护，使用网络分析仪的终端开口同轴探头每天（间隔 24h）测量介电常数，测量完成后仍将试件置于标准养护室内养护以留待下次测量，持续测量 28d，为了消除材料不均匀和试件个体差异所造成的影响，提高测量精度，每天测试时，每个试件都选 10 个不同测点进行测量，后期整理数据时，先对每试件的 10 组数据进行平均并取平均值作为该试件的代表值，再对同配比的 15 个试件代表值进行平均作为最后的代表数据。表 3.6 和表 3.7 即为 6 组试件不同龄期测得的介电常数值，表中数据所对应的频率为 500MHz。为充分了解水泥混凝土的介电特性及其影响因素，本研究基于试验数据分析介电常数与龄期、水灰比之间的关系。

表 3.6　水泥混凝土 28d 龄期内复介电常数（水泥标号：P.O 32.5）

龄期 /d	复介电常数 W/C=0.4		复介电常数 W/C=0.5		复介电常数 W/C=0.6	
	实部 ε'	虚部 ε''	实部 ε'	虚部 ε''	实部 ε'	虚部 ε''
1	19.74	5.27	19.61	4.87	19.63	4.62
2	18.12	4.80	18.02	4.42	18.05	4.19
3	18.60	6.00	18.36	5.69	18.22	5.50
4	18.54	4.95	18.27	4.71	18.09	4.67
5	17.84	4.77	17.60	4.55	17.46	4.51
6	16.33	4.61	16.22	4.28	16.20	4.02
7	16.33	4.61	16.22	4.28	16.20	4.02
8	15.99	4.41	15.87	4.10	15.86	3.85
9	15.31	4.10	15.35	2.58	15.12	2.37
10	15.40	3.80	14.58	3.80	14.13	3.39
11	14.13	3.40	14.06	3.69	13.87	3.43
12	14.44	3.00	14.34	3.71	14.10	3.43
13	13.55	2.70	13.52	3.32	13.35	3.09
14	14.65	2.46	14.62	2.35	14.52	2.16
15	13.84	2.19	13.91	2.14	13.68	1.94
16	13.48	2.08	13.56	2.03	13.33	1.84
17	12.69	1.82	12.71	1.77	12.47	1.59
18	12.99	1.91	13.07	1.88	12.84	1.70
19	12.54	2.00	12.35	1.87	12.48	1.90
20	12.54	2.00	12.36	1.88	12.50	1.90
21	11.64	1.67	11.56	1.61	11.72	1.64
22	11.64	1.74	11.49	1.64	11.62	1.66
23	10.74	1.41	10.60	1.33	10.75	1.37
24	10.50	1.08	10.45	0.98	10.67	1.01
25	9.59	1.15	9.54	1.09	9.69	1.07
26	9.64	1.15	9.60	1.10	9.75	1.07
27	8.55	0.92	8.24	0.86	8.50	1.07
28	8.51	0.90	8.17	0.83	8.46	1.05

表 3.7　水泥混凝土 28d 龄期内复介电常数（水泥标号：P.O 42.5）

龄期/d	复介电常数 W/C=0.4		复介电常数 W/C=0.5		复介电常数 W/C=0.6	
	实部 ε'	虚部 ε''	实部 ε'	虚部 ε''	实部 ε'	虚部 ε''
1	19.71	4.39	19.88	4.24	19.70	4.04
2	17.84	3.92	17.88	3.75	17.77	3.58
3	18.09	5.32	18.00	5.14	17.71	5.14
4	17.96	4.50	17.94	4.55	17.77	4.43
5	17.30	4.35	17.33	4.40	17.14	4.29
6	16.02	3.79	16.04	3.59	15.92	3.44
7	16.02	3.79	16.04	3.59	15.92	3.44
8	15.60	3.60	15.70	3.44	15.58	3.30
9	15.04	2.32	14.89	2.13	14.89	2.14
10	14.15	3.24	14.37	3.36	14.61	3.26
11	13.76	3.18	13.68	3.07	13.52	2.85
12	14.04	3.19	13.96	3.05	13.82	2.84
13	13.29	2.93	13.23	2.85	13.07	2.68
14	14.42	2.09	14.50	1.90	14.42	1.88
15	13.61	1.92	13.46	1.75	13.44	1.78
16	13.26	1.83	13.13	1.65	13.14	1.70
17	12.40	1.59	12.29	1.44	12.31	1.49
18	12.78	1.69	12.64	1.52	12.64	1.57
19	12.21	1.79	12.49	1.86	12.21	1.76
20	12.20	1.80	12.50	1.86	12.23	1.77
21	11.45	1.55	11.74	1.62	11.49	1.55
22	11.38	1.58	11.66	1.65	11.40	1.57
23	10.53	1.31	10.80	1.38	10.54	1.31
24	10.52	0.89	10.68	0.92	10.53	0.83
25	9.54	0.98	9.64	0.98	9.48	0.92
26	9.60	1.00	9.70	0.99	9.54	0.92
27	8.12	0.97	8.49	1.21	8.13	1.04
28	8.10	0.96	8.47	1.19	8.07	1.02

1. 介电常数随龄期的变化

分析表 3.6、表 3.7 中的水泥混凝土 28d 龄期内的复介电常数，可得到水泥混凝土介电常数随时间的变化曲线，如图 3.21~图 3.26 所示。

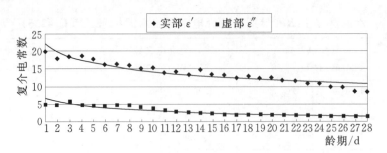

图 3.21　水泥混凝土介电常数随龄期的变化曲线
（水泥标号是：P.O 32.5，水灰比：0.4）

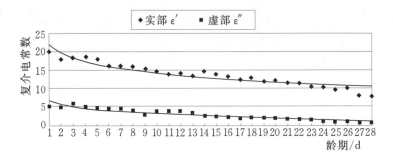

图 3.22　水泥混凝土介电常数随龄期的变化曲线
（水泥标号是：P.O 32.5，水灰比：0.5）

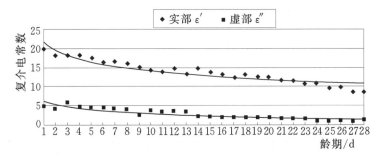

图 3.23　水泥混凝土介电常数随龄期的变化曲线
（水泥标号：P.O 32.5，水灰比：0.6）

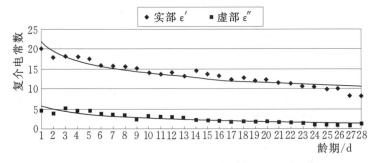

图 3.24　水泥混凝土介电常数随龄期的变化曲线
（水泥标号：P.O 42.5，水灰比：0.4）

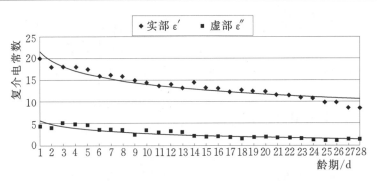

图 3.25　水泥混凝土介电常数随龄期的变化曲线

（水泥标号：P.O 42.5，水灰比：0.5）

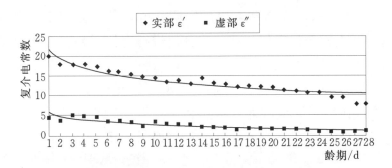

图 3.26　水泥混凝土介电常数随龄期的变化曲线

（水泥标号：P.O 42.5，水灰比：0.6）

由图 3.21～图 3.26 可以看出：28d 龄期内，水泥混凝土介电常数随着龄期增加而逐渐下降，前期（1～7d）下降速度较快，7d 内介电常数下降了 28d 总下降量的 70% 左右；中后期（7～28d）下降速度相对减缓，到后期（26d、27d、28d）时，介电常数基本趋于稳定。

水泥混凝土介电常数随着龄期的增长逐渐下降的原因是：水化反应不断进行的结果。水泥与水拌和后，其颗粒表面的熟料矿物立即与水发生化学反应，各组分开始溶解，形成水化物，放出一定热量，固相体积逐渐增加，水分随着水化反应的进行和自然蒸发，逐渐减少，固相体积逐渐增加，导致介电常数随着龄期增加逐渐减小并渐渐趋于稳定。

对比表 3.4 和表 3.6 及表 3.5 和表 3.7 可发现：在水灰比、水泥标号和龄期相同的条件下，水泥混凝土介电常数比水泥净浆介电常数小些，这是因为水泥混凝土中有大量骨料，其骨料本身介电常数值相对较小，且骨料的使用减少了单位体积用水量，所以水泥混凝土介电常数较水泥净浆介电常数小。

2. 介电常数随水灰比的变化

由表 3.6 和表 3.7 还可以看出：水泥混凝土介电常数随水灰比增大，介电常数也增加，主要是因为水灰比的大小直接决定着试件内含水量的多少，水灰比越大则含水量相对较高，而水因介电常数大，对整体影响较大，因此介电常数值也相对较大。另外，同水灰比的水泥混凝土相对于水泥净浆介电常数值相对较小，这也是与其中骨料占很大成分有关。

3.7 水泥混凝土介电模型的验证

3.7.1 理论模型的试验验证

为验证模型和分析已硬化混凝土的介电特性，本书着重分析了 28d 龄期的试验数据，将空气、水泥净浆和骨料的实测介电常数、体积率等数据，代入式 (3.11) 中求得介电常数计算值，并与实测值进行对比以检验介电模型的拟合精度和适用性。为便于对比分析，本研究还基于线性模型（Linear model）、均方根模型（Root-mean-square model）、瑞利模型（Rayleigh model）分别计算了介电常数值，用以比较不同模型的优缺点和计算精度。两种不同水泥类型三种水灰比的混凝土介电常数实测值与计算值对比如图 3.27～图 3.33 所示。

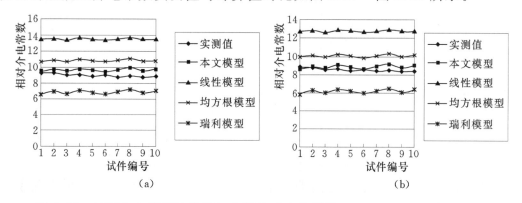

图 3.27　不同介电模型计算值与实测值对比分析图（P.O 32.5，$W/C=0.4$）

(a) $f=1\text{GHz}$；(b) $f=2\text{GHz}$

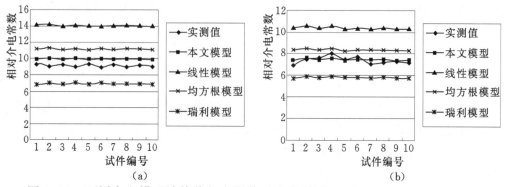

图 3.28　不同介电模型计算值与实测值对比分析图（P.O 42.5，$W/C=0.4$）

(a) $f=1\text{GHz}$；(b) $f=2\text{GHz}$

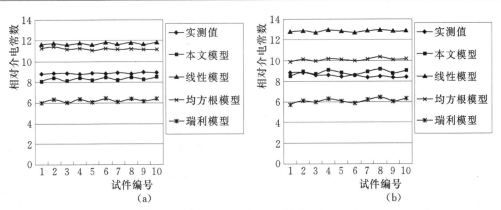

图 3.29 不同介电模型计算值与实测值对比分析图（P.O 32.5，$W/C=0.5$）

(a) $f=1\mathrm{GHz}$；(b) $f=2\mathrm{GHz}$

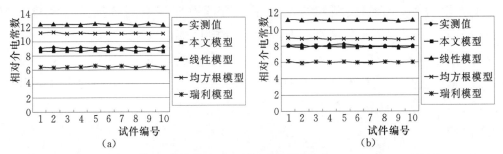

图 3.30 不同介电模型计算值与实测值对比分析图（P.O 42.5，$W/C=0.5$）

(a) $f=1\mathrm{GHz}$；(b) $f=2\mathrm{GHz}$

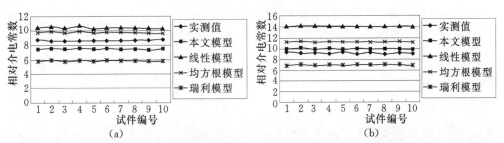

图 3.31 不同介电模型计算值与实测值对比分析图（P.O 32.5，$W/C=0.6$）

(a) $f=1\mathrm{GHz}$；(b) $f=2\mathrm{GHz}$

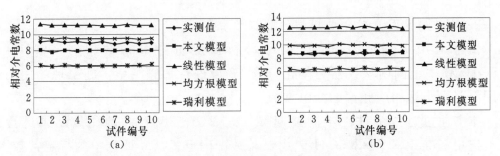

图 3.32 不同介电模型计算值与实测值对比分析图（P.O 42.5，$W/C=0.6$）

(a) $f=1\mathrm{GHz}$；(b) $f=2\mathrm{GHz}$

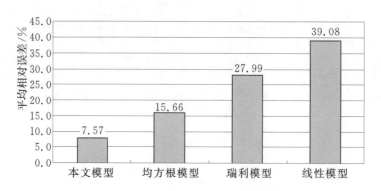

图 3.33　不同介电模型平均误差对比图

由图 3.27~图 3.33 可看出，四种模型拟合精度从高到低依次是：本书模型、均方根模型、瑞利模型和线性模型；所荐模型与实测数据拟合程度较好，说明该公式适于描述硬化后的水泥混凝土介电性能。文献［53］主要对渠道衬砌混凝土做了研究分析，显示 15d 后实测数据接近均方根模型，与本书结果较为一致，只是基于普通硅酸盐水泥混凝土试验数据，本书模型拟合精度更高；此外，试验配比、材料等方面的差异和测量方法的不同对测试结果也有一定的影响。

3.7.2　考虑频率、温度影响时模型的验证

1. 考虑温度因素时介电模型的验证

文献［21］对新拌混凝土在不同温度下相对介电常数进行测试，结果如图 3.4 所示（陈伟等，2011 年）。由图 3.4 可知：混凝土相对介电常数随着温度的增加而减小，$\alpha_\varepsilon = -0.0402/℃$。

文献［84］对已硬化的混凝土在不同温度下相对介电常数进行测试，结果显示温度变化系数为 $\alpha_\varepsilon = (-0.005 \sim -0.01)/℃$，与混凝土材料、配比和龄期有关。具体应用时，根据水泥混凝土龄期和实际材料，进行试验加以确定。

2. 考虑频率因素时介电模型的验证

试验采用 Agilent E5071C 网络分析仪测量介电常数，在 500MHz~2.5GHz 频率范围内该仪器自动化分为 38 段进行扫频测量，施工现场使用时选用与路用雷达相应频率的介电常数。

本书通过对一个试件不同龄期（14d、21d、28d）的两测量结果进行分析，选用基准频率 $f = 2.5GHz$，由试验数据确定式（3.13）中的待定常数 A，考虑频率后的介电常数与实测介电常数的拟合效果见图 3.34~图 3.36，待定常数 $\alpha \approx 1$，待定常数 A 的取值见表 3.8。

表 3.8　　　　　　　　　　介电常数频率拟合时待定常数的取值

常数	14d	21d	28d
ε_0	10	10	9
A	10	4.7	1.5
f_1/MHz	2500	2500	2500

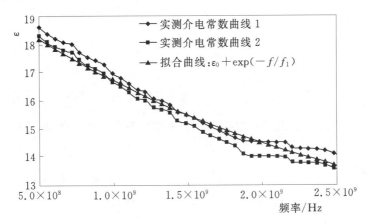

图 3.34　14d 龄期试件 7 介电常数与频率关系拟合效果图
（$A=10$，$f_1=2.5\mathrm{GHz}$）

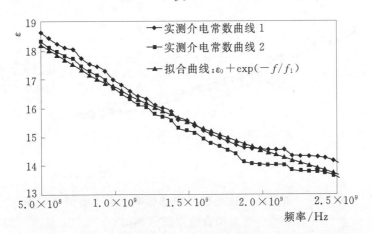

图 3.35　21d 龄期试件 7 介电常数与频率关系拟合效果图
（$A=4.7$，$f_1=2.5\mathrm{GHz}$）

由表 3.11 和图 3.34～图 3.36 可以看出：随着混凝土龄期的增长 A 值减小，说明介电常数随频率减小的幅值越来越小，主要原因是水泥混凝土中具有显著频散特征的水分因水化作用消耗和自然蒸发在逐渐地减小。

3. 综合考虑频率和温度因素时介电模型的验证

综合考虑温度和频率的影响，利用式（3.19）计算试验环境下水泥混凝土的介电常数，并与实测值进行比较，以验证综合考虑温度和频率的介电模型的拟合效果和计算精度。仍以试件 7 为例，考察其不同龄期（14d、21d、28d）

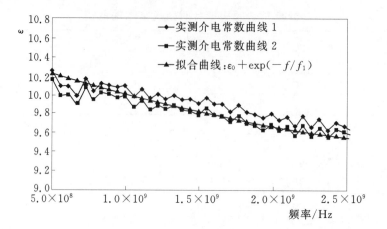

图 3.36　28d 龄期试件 7 介电常数与频率关系拟合效果图

（$A = 1.5$，$f_1 = 2.5$GHz）

计算值与实测值的差异，并进行误差分析。选用基准频率 $f = 2.5$GHz，由试验数据确定式（3.19）中的待定常数 A，具体见表 3.8，温度变化系数为 $-0.008/℃$，综合考虑频率和温度后的介电常数与实测介电常数的拟合效果见图 3.37～图 3.39。

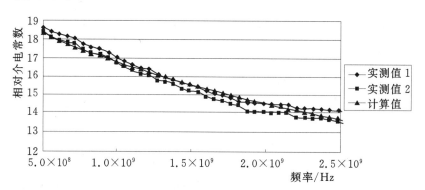

图 3.37　试件 7 考虑温度和频率影响的介电常数与频率

关系拟合效果图（14d）

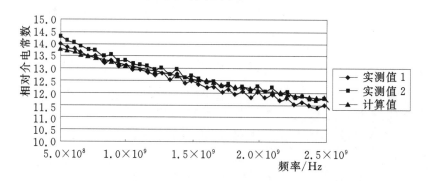

图 3.38　试件 7 考虑温度和频率影响的介电常数与频率

关系拟合效果图（21d）

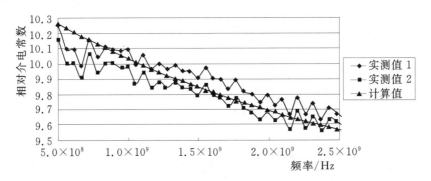

图 3.39　试件 7 考虑温度和频率影响的介电常数与频率
关系拟合效果图（28d）

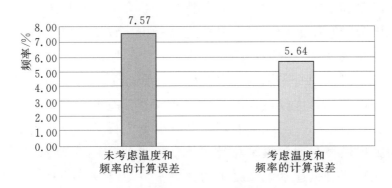

图 3.40　有无考虑温度和频率影响的误差分析图

由图 3.37～图 3.40 可以看出，考虑了温度和频率的影响后，介电常数的计算误差由原来的 7.57% 下降到了 5.64%，计算精度大大提高。这充分说明，温度和频率对水泥混凝土介电特性有较大影响，与前面分析的结论一致。既然存在影响，那么在实际的工程应用中就需要考虑温度和频率的影响，不能忽略。怎样考虑频率和温度的影响，本研究所建立综合介电常数模型可提供参考。

考虑了温度和频率后，由综合模型计算的介电常数仍存在 5.64% 误差，这主要是因为介电常数的测量方法和材料的离散性和不均匀性引起的。

对比分析图 3.34～图 3.36 和图 3.37～图 3.39 还不难发现，考虑了温度后的介电常数值更接近实测值。此外，虽然频率和温度对水泥混凝土介电特性都有影响，但是受频率的影响比受温度的影响大的多。这主要是两者的影响规律不同，介电常数随温度呈直线规律下降，且直线的斜率（温度影响系数）较小，而随频率呈指数规律下降，衰减速度要比直线快得多。

3.8　本章小结

本章对水泥混凝土的介电特性进行了理论和试验分析，得出以下结论：

（1）基于电磁波基本理论，理论分析了水泥混凝土介电模型的基本形式。

（2）基于热学和电磁学理论基础，分析了温度和频率对介电常数的影响：温度对水泥混凝土的介电常数影响较大，温度越高，介电常数越小，主要体现在对其中水分的介电常数的影响上；水泥混凝土的介电常数随频率增长，大致呈指数规律下降，并建立了综合考虑温度和频率的介电模型。

（3）试验研究了普通硅酸盐水泥净浆和水泥混凝土的介电特性，试验数据显示如下一些变化规律：①水泥净浆和水泥混凝土的介电常数均随龄期的增长而减小，主要是自然蒸发和水化反应消耗了大量水分所致，且同龄期同水灰比条件下，由于骨料的添加，使得水泥混凝土的介电常数比水泥净浆的介电常数小；②水泥净浆和水泥混凝土具有频散特征，其介电常数均随频率的增加而减小，主要是因为随频率的增大，部分极化已停止，致使介电常数减小；③水灰比越大，水泥净浆和水泥混凝土的介电常数越大，原因是水灰比越大，含水量越高所致；④本研究中所采用两种水泥标号对介电常数的影响不太大，因为试验所用的两种水泥标号比较接近，其结构和成分相差不大。

（4）结合试验数据，对水泥混凝土介电模型进行了验证，结果显示：与线性模型、均方根模型和瑞利模型相比，本研究所采用的模型的拟合精度较高，说明该模型比较适合描述水泥混凝土的介电常数与组成成分介电常数和体积比之间的关系。由试验数据验证了温度和频率的影响规律，并确定了待定常数，确立了含频率和温度在内的介电模型公式。

基于本研究所采用的综合介电模型，可在考虑温度和频率影响基础上通过测定混合物的介电常数来计算各成分体积率或通过施工中相关反馈参数来进一步控制和调整各成分的比例，从而提高混凝土结构的浇筑质量或完成既有混凝土结构含水量、密实度等方面定性或定量的分析，为其维修方案的制订、剩余寿命和老化程度的评估提供有力的支持，因此，混凝土介电模型的确定具有重要的理论和应用价值，建议深入研究和推广使用。

4 沥青混合料介电特性和介电模型研究

4.1 概述

沥青混合料质量直接决定结构的使用性能和使用寿命，而其质量的优劣主要取决于设计和施工两个方面。目前，管理、生产和科研各部门对沥青混合料方面的研究主要集中在路面结构和材料配比设计两方面，美国各州政府针对路面力学设计理论和相关配比设计进行了大量研究，AASHTO 2000 Pavement Design Guide 归纳了各方面研究成果，将 Superpave 配比设计广泛应用于工程实际，然而对施工过程的质量控制没进行深入的研究。这样即使路面设计和沥青混合料配比均正确，也难以达到沥青混合料最佳压实度和最佳孔隙比，而这两大参数与沥青混合料的耐久性密切相关[87]。良好的压实可减小沥青混合料单位体积内空气的体积，增加固体粒料的比例，提高防渗性能，车辆荷载作用下长期保持路面具有较高的抵抗力，从而延长路面的使用年限。为了有效防止沥青混合料被破坏和确保一定的使用年限，不但要求路面结构和配比设计合理，还要求施工过程中压实度和空隙率能达到最佳[88]，因此，为了确保沥青混合料的质量，除了设计合理外，应适时进行压实度和空隙率等质量检测指标的测量，加强施工中和施工后的质量控制。

目前，对沥青混合料道路面层压实度和空隙率的检测方法有哪些呢？它们的使用过程中又存在哪些问题呢？下面就结合压实度的测量做简要分析以找出问题并解决，沥青混合料道路面层压实度的检测方法主要有钻芯取样法、核子密度仪法和无核密度仪法。

（1）钻芯取样法是通过在混凝土结构中钻孔取出芯样，在试验室内测量芯样的密度，计算实际密度与标准密度之比就可得到沥青路面钻芯处的压实度[89,90]，该方法是检测沥青路面压实度的常用方法，从其检测方法可看出该测量方法因测试速度慢、测点有限，代表性差，对原有路面结构有损坏性。

（2）核子密度仪法通过检测材料中含有的所有元素的原子量总和，进而计算材料湿密度和含水率，从而得到材料的干密度，再根据已知的标准密度计算压实度[91]。核子密度仪用于沥青混合料面层检测时，由于沥青混合料面层表面比较粗糙，凸凹程度不一，造成检测结果比实际值大，使检测效果较差。所以《公路工程质量检验评定标准》（JTJ 071—2004）规定[90]，该方法须与钻芯取样法配合使用。核子密度仪法比钻芯取样法速度快，但是仍然不是连续检测，不能真实地反映路面的压实状况，而且发射放射线可能会对人身体产生一定程度的危害。

（3）无核密度仪通过电子电容感应场来测量介电常数[91-93]，并且可将介电常数转换成材料的密度值在屏幕上显示出来。使用时，也需要与钻芯取样的测量结果对比，进行仪器标定。与核子密度仪相比，无核密度仪测量速度更快，但测量剖面仍然不连续，因此也不能较完整地反映路面的实际压实状况。

以上分析表明现有沥青混合料压实度的测量方法因测速慢、测点不连续、代表性差等缺陷，不能适应公路快速发展的需要。急需发展快速高效、连续、无破损的检测方法来提高效率，为施工质量的监控和施工进度加快提供技术保证。以探地雷达为代表的电磁无损检测技术，因具有上述的优点而备受关注。基于电磁波的无损检测技术检测沥青混合料质量的原理如图 4.1 所示。

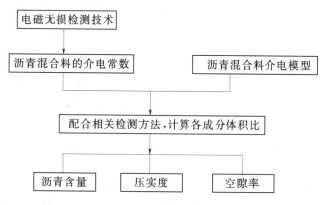

图 4.1　电磁无损检测技术检测沥青混合料的原理图

由图 4.1 可知：电磁无损检测技术可测得材料的介电常数，由介电常数来实现压实度、空隙率和沥青含量的检测，沥青混合料介电模型的建立也是基于电磁无损检测技术实现对沥青混合料质量检测的关键。

沥青混合料的介电特性由沥青、骨料、空气等组成材料共同决定，它们常见的介电常数和密度值见表 4.1。

表 4.1　　　　沥青混合料中各成分的介电常数、密度

沥青混合料	相对介电常数	密度/(g/cm³)
空气	1.0	0
沥青	2.4～3.0	1.05
骨料	6～8	2.6～2.7

国内外，曾对沥青混合料的介电特性和介电模型做过研究：从 20 世纪 90 年代开始对热拌沥青混合料介电特性进行研究，先后得到一些重要的结论。1992 年，Al‐Qadi 采用试验方法研究分析了热拌沥青混合料介电特性，所用频率范围是 12.4～18GHz，实测的干燥沥青混合料介电常数为 3.7～5.2，潮湿沥青混合料为 4.1～5.3[94]。1999 年，Shang 等采用一种新设备试验研究了热拌沥青混合料的介电特性[95]。试验研究发现：沥青含量对介电常数的影响不大；含水量和骨料对介电常数影响较大。在试验数据的基础上，还分析和建立了沥青混合料介电常数与含水量之间的定量关系[96]。

沥青混合料介电模型方面也有一些研究成果，最具代表性的是：Subedi 和 Chatterjee（1993）年将沥青—粒料混合物看作由空气、沥青、粒料和水的混合物，进行了沥青—粒料混合物进行了介电性能的试验研究，并根据试验数据建立了沥青混合料介电模型，因模型是由 Subedi 和 Chatterjee 提出的，因此也简称为 SC 模型，模型为[97]：

$$\varepsilon = \sum_{i=1}^{n} v_i \varepsilon_i + \begin{cases} \sum_{i=1}^{n-1} \sum_{j=i+1}^{n} v_i v_j (\varepsilon_i - \varepsilon_j), & \text{当 } \varepsilon_i > \varepsilon_j \\ \sum_{i=1}^{n-1} \sum_{j=i+1}^{n} v_i v_j (\varepsilon_j - \varepsilon_i), & \text{当 } \varepsilon_j > \varepsilon_i \end{cases} \tag{4.1}$$

式中　ε_i——沥青混合料组成成分 i 的介电常数；

　　　v_i——沥青混合料组成成分 i 的体积率。

文献［29］对沥青混合料介电性质与工程性质之间的关系进行了研究，文中结合试验数据，对比上述的 SC 模型、均方根模型（CRI）、立方根模型（LLL）及对数模型（Lichtenecker）。文献显示：由于 SC 模型考虑了各组成成分之间的相互影响，计算值比实测值大，其他三种模型计算值较实测值偏小；其中均方根模型计算的误差较小，如图 4.2 所示。

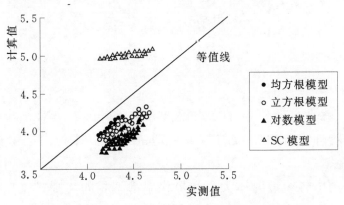

图 4.2　各模型介电常数计算值与实测值对比关系图

综上所述，沥青混合料的介电模型多采用混合理论模型，模型计算精度有待提高，而且所用模型中也没有纳入温度、频率等影响因素。此外，骨料、水泥等成分的地域差异性也会对沥青混合料的介电特性有一定的影响，为此，针对我国常见的沥青混合料进行了介电特性试验，以研究沥青混合料的介电特性和影响因素，建立含温度、频率在内的介电模型。具体内容如下：

（1）基于电磁波传播理论，建立沥青混合料介电模型。

（2）分析频率、温度对沥青混合料介电特性的影响。

（3）建立综合考虑温度、频率的介电模型。

（4）结合沥青混合料介电特性试验，对理论介电模型进行试验检验和修正，确立最终的含温度和测试频率在内的介电模型。

4.2　沥青混合料介电模型的理论推导

沥青混合料是由沥青、集料（骨料）、空气等组成的复合材料，实际工程中的沥青混合料还可能含有水。作为一种复杂的混合物，其内部散射体对电磁波的散射作用是不能忽略的。考虑到电磁波的散射作用，Sihvola 基于混合物有效介电常数的自洽理论，对含有散射体混合材料的介电方程进行了理论推导。假设沥青混合料的等效介电常数为 ε_{ac}，其背景媒质的介电常数为 ε_0，单位体积内散射体的数量为 n，极化率为 α，则平均电位移矢量与平均电场的关系如下[98]：

$$\langle D \rangle = \varepsilon_{ac} \langle E \rangle \tag{4.2}$$

平均电位移矢量与极化强度的关系为

$$\langle D \rangle = \varepsilon_0 \langle E \rangle + \langle P \rangle \tag{4.3}$$

因为

$$\varepsilon_{ac} = \varepsilon_0 + 3\varepsilon_0 \frac{n\alpha}{3\varepsilon_0 - n\alpha}$$

所以

$$\frac{\varepsilon_{ac} - \varepsilon_0}{\varepsilon_{ac} + 2\varepsilon_0} = \frac{n\alpha}{3\varepsilon_0} \tag{4.4}$$

式（4.4）就是克劳修斯—莫索提推导的 Clausius - Mossotti 方程，该方程建立了宏观物理量介电常数与微观物理量（单位体积内散射体数量和极化率）之间的关系。

假设混合物中各个散射体大小和极化率都不相同，则式（4.4）变为

$$\frac{\varepsilon_{ac} - \varepsilon_0}{\varepsilon_{ac} + 2\varepsilon_0} = \sum_{i=1}^{n} \frac{n_i \alpha_i}{3\varepsilon_0} \tag{4.5}$$

式中 α_i——各个散射体的极化率。

式（4.5）要求散射体在混合物中分布均匀。

对于球形状的散射体，极化率 α_i 为

$$\alpha_i = 4\pi r_i^3 \varepsilon_0 \frac{\varepsilon_i - \varepsilon_0}{\varepsilon_i + 2\varepsilon_0} \tag{4.6}$$

式中 r_i——球状散射体的半径；

　　ε_i——球形散射体的介电常数。

将式（4.6）代入式（4.5）中，可得

$$\frac{\varepsilon_{ac} - \varepsilon_0}{\varepsilon_{ac} + 2\varepsilon_0} = \sum_{i=1}^{n} \frac{4\pi r_i^3 n_i}{3} \frac{\varepsilon_i - \varepsilon_0}{\varepsilon_i + 2\varepsilon_0} \tag{4.7}$$

而 $v_i = \dfrac{4\pi r_i^3 n_i}{3}$，称为粒子的占空比或体积比，这样式（4.7）变为

$$\frac{\varepsilon_{ac} - \varepsilon_0}{\varepsilon_{ac} + 2\varepsilon_0} = \sum_{i=1}^{n} v_i \frac{\varepsilon_i - \varepsilon_0}{\varepsilon_i + 2\varepsilon_0}$$

若用相对介电常数表示，并将其应用于沥青混合料，上式变为

$$\frac{\varepsilon_{ac} - 1}{\varepsilon_{ac} + 2} = \sum_{i=1}^{n} v_i \frac{\varepsilon_i - 1}{\varepsilon_i + 2} \tag{4.8}$$

式中 ε_{ac}——沥青混合料的介电常数；

　　v_i、ε_i——沥青混合料各组成成分的体积率和介电常数。

式（4.8）即为 Rayleigh 方程[12]。该方程适用于背景媒质介电常数为 ε_0 的无界均匀介质中，对于离散混合物，散射体的距离是足够的，即使和散射体距离很近影响也很小，这与沥青混合料的内部结构非常类似。相关文献研究显示，瑞利模型比较适合描述沥青混合料的介电性能[12]。

4.3 组成成分体积率对介电常数的影响

根据前面对沥青混合料的结构特点分析，大致推导了适合沥青混合料的介电模型，见式（4.8），模型的数学表达式可以看出：若不考虑温度和频率的影响，沥青混合料介电常数与其组成成分的体积率呈线性关系。

实际工程中，沥青混合料组成成分体积率对介电常数有何影响以及符合什么样的影响规律呢？下面就结合文献［26］中实测的沥青混合料试验数据来进行分析。

文献［26］所用的试验材料：70 号 A 级石油沥青、S6 号碎石、石屑等。选择了两种沥青混合料类型：AC - 16C 和 AC - 25C；两种沥青类型分

别采用三种不同油石比：4％、5％、6％；试件尺寸采用标准马歇尔试件：$\phi101.6mm\times63.5mm$ 圆柱体，共 6 组，每组 10 个试件，矿料级配按照表4.2。

表 4.2　　　　　　　　沥青混合料矿料级配（方孔筛）

筛孔/mm	26.5	19	16	13.2	9.5	4.75	2.36	1.18	0.6	0.3
AC－25C	90～100	75～90	65～83	57～76	45～67	28～52	18～40	11～30	7～22	5～17
AC－16C		100	90～100	76～92	60～82	38～62	26～48	17～36	11～26	7～18

4.3.1　空隙率对介电常数的影响

以油石比4％为例，分析 AC－16C 和 AC－25C 两种类型沥青混合料组成成分体积率对介电常数的影响。表4.3、表4.4是文献［26］两种类型沥青混合料实测介电常数值及试件三相体积比值，试验测试的频率范围为0.5～2.5GHz，数据分析时，选取500MHz、1GHz、1.5GHz 和 2GHz 频率下的数据作为代表值，此外，表中数据还按照空隙率从小到大的顺序进行了排列，分析表中不同频率下空隙率与介电常数之间关系，如图4.3、图4.4所示。

表 4.3　　　　　AC－16C 型沥青混合料试件介电常数与空隙率

介　电　常　数				空隙率 /%
500MHz	1GHz	1.5GHz	2GHz	
5.926	6.264	6.177	6.217	5.382
5.573	5.760	5.975	5.975	5.437
5.547	5.667	5.730	5.672	5.764
5.339	5.646	5.674	5.602	5.816
5.318	5.478	5.660	5.594	5.875
5.067	5.207	5.423	5.392	5.896
4.942	4.604	5.136	5.140	5.912
4.590	4.551	4.618	4.665	5.983
4.216	4.497	4.294	4.219	6.015
4.200	3.888	4.258	4.136	6.149

表 4.4　　　　　　　AC‑25C 型沥青混合料试件介电常数与空隙率

介　电　常　数				空隙率
500MHz	1GHz	1.5GHz	2GHz	/%
5.118	5.315	5.305	5.116	3.042
4.707	5.113	5.216	4.913	4.009
4.692	4.980	5.142	4.878	4.084
4.681	4.924	4.919	4.832	4.089
4.634	4.904	4.876	4.827	4.217
4.503	4.838	4.760	4.685	4.285
4.495	4.787	4.650	4.588	4.335
4.470	4.727	4.637	4.516	4.384
4.414	4.645	4.486	4.438	4.411
4.286	4.619	4.263	4.434	4.699

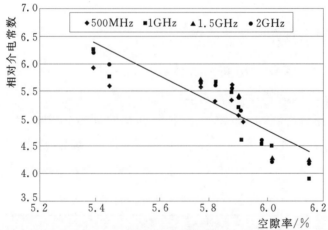

图 4.3　AC‑16C 型沥青混合料试件介电常数与
空隙率关系图（油石比：4%）

从图 4.3 和图 4.4 可看出：在不同的测试频率下，AC‑16C 及 AC‑25C 这两种类型混凝土试件的相对介电常数均随着空隙率的增大而减小，大致呈线性关系，与模型式（4.8）所描述的规律一致。

分析其原因，主要是因为空隙率越大时，单位体积内空气所占的体积越大，空气的介电常数为 1，与沥青和骨料的介电常数相比最小，因此沥青混合料试件介电常数也相应越小。

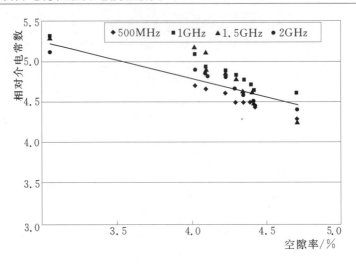

图 4.4　AC－25C 型沥青混合料试件介电常数与
空隙率（油石比：4％）

需要说明的是：油石比为 5％、6％时，空隙率对沥青混合料的影响规律与上述规律一致，不再一一列举，详细资料可参考文献［26］。

4.3.2　沥青体积率对介电常数的影响

仍以油石比 4％为例，分析沥青体积率对 AC－16C 和 AC－25C 两种类型沥青混合料介电常数的影响。表 4.5、表 4.6 是文献［26］两种类型沥青混合料实测介电常数值及沥青体积率，表中数据按照沥青体积率从小到大的顺序进行了排列，分析表中不同频率下沥青体积率与介电常数之间关系，如图 4.5、图 4.6 所示。

表 4.5　　　　AC－16C 型沥青混合料试件介电常数与沥青体积率

介　电　常　数				沥青体积率
500MHz	1GHz	1.5GHz	2GHz	/％
6.119	6.154	6.090	6.252	11.530
5.864	6.053	6.069	5.799	11.530
5.239	5.573	5.512	5.190	11.560
5.217	5.325	5.310	5.140	11.590
5.092	5.242	5.228	5.119	11.610
4.942	5.151	5.136	5.067	11.620
4.369	4.541	4.561	4.300	11.620
4.200	4.422	4.505	4.235	11.680
4.111	4.264	4.258	4.136	11.720
3.862	4.087	4.148	3.905	11.790

表 4.6　　　　AC-25C 型沥青混合料试件介电常数与沥青体积率

介 电 常 数				沥青体积率
500MHz	1GHz	1.5GHz	2GHz	/%
5.118	5.315	5.305	5.116	11.840
4.735	5.113	5.216	5.034	11.920
4.707	4.980	5.142	4.913	11.920
4.681	4.966	4.990	4.878	11.920
4.634	4.924	4.919	4.832	11.940
4.503	4.838	4.876	4.827	11.940
4.470	4.727	4.760	4.588	11.960
4.414	4.645	4.704	4.438	11.960
4.345	4.634	4.650	4.434	11.970
4.286	4.619	4.637	4.412	12.090

由图 4.5 和图 4.6 可知：在不同的频率下，AC-16C 及 AC-25C 这两种复合材料的介电常数随着沥青体积率的增大而减小，大致也呈线性关系，与式（4.8）介电模型所描述的规律一致。

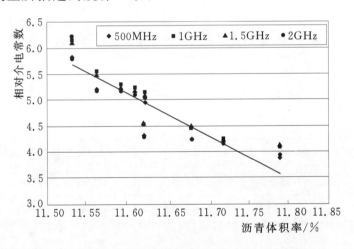

图 4.5　AC-16C 型沥青混合料试件介电常数与
沥青体积率关系图（油石比：4%）

分析其原因，主要是因为沥青含量增加，相对的骨料部分会减少，而骨料的介电常数较沥青大，因此会引起沥青混合料整体的介电常数降低。由试验数据还可知，由于油石比相差不大，试件的沥青体积率差别就较小，因此总体来说，沥青含量对整个试件的介电常数影响有限。

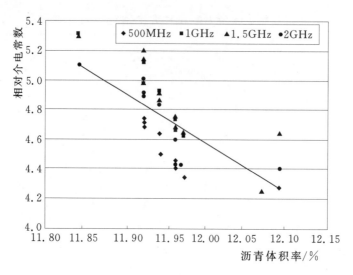

图 4.6 AC－25C 型沥青混合料试件介电常数与
沥青体积率关系图（油石比：4%）

4.3.3 骨料体积率对介电常数的影响

表 4.7 和表 4.8 中的介电常数及骨料体积率值均摘自文献［26］，对应的油石比仍为 4%，并对不同频率下的试件按照骨料体积率从小到大排序。

表 4.7　　　　　**AC－16C 型沥青混合料试件介电常数与骨料体积率**

介　电　常　数				骨料体积率
500MHz	1GHz	1.5GHz	2GHz	/%
3.795	3.916	3.819	3.854	75.752
4.146	4.357	4.374	4.302	76.029
4.546	4.467	4.386	4.313	76.054
4.590	4.697	4.618	4.665	76.136
4.723	4.900	4.850	4.798	76.211
4.730	5.006	4.973	4.800	76.218
4.857	5.073	4.984	4.987	76.233
4.859	5.212	5.061	5.081	76.235
5.075	5.343	5.241	5.300	76.256
5.131	5.360	5.267	5.388	76.415

表 4.8 　　　　AC－25C 型沥青混合料试件介电常数与骨料体积率

介 电 常 数				骨料体积率
500MHz	1GHz	1.5GHz	2GHz	/%
4.846	4.734	4.767	4.566	76.837
4.929	4.801	4.806	4.572	76.982
5.153	5.162	4.813	4.719	77.101
5.291	5.186	4.846	4.741	77.118
5.298	5.190	5.112	5.017	77.118
5.413	5.192	5.271	5.166	77.201
5.462	5.234	5.327	5.249	77.375
5.471	5.431	5.415	5.384	77.439
5.549	5.450	5.446	5.440	77.518
5.562	5.473	5.480	5.456	77.565

　　分析表中数据，研究骨料体积率与沥青混合料材料介电常数之间的关系，并绘制关系图，见图 4.7 和图 4.8。图 4.7 和图 4.8 表明：不同的频率时，AC－16C 及 AC－25C 沥青混合料试件介电常数随着骨料体积率增大而增大，大致呈线性规律，与式（4.8）介电模型所描述的规律相吻合。

　　这主要是因为沥青混合料所有的组成材料中，骨料的介电常数最大，当骨料含量增加时，沥青混合料试件介电常数也相应增大。

　　由图 4.7 和图 4.8 可知：不同的频率时，AC－16C 及 AC－25C 混凝土试件的介电常数随着骨料体积率增大而增大，这主要是因为骨料介电常数相对比较大，当含量增加时，沥青混合料试件介电常数相应增大。

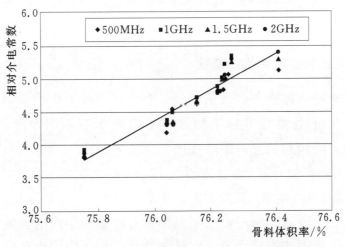

图 4.7　AC－16C 型沥青混合料试件介电常数与
骨料体积率关系图（油石比：4%）

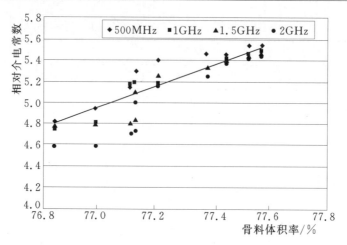

图 4.8　AC－25C 型沥青混合料试件介电常数与
骨料体积率关系图（油石比：4%）

4.4　温度对介电常数的影响

　　由第 2 章温度与介电常数的基本理论可知，温度对材料介电特性影响程度的大小主要取决于两方面：①材料的内部结构，内部结构组成不同，材料的极化类型就不同；②温度范围，因为对某些介质一旦超过某一特定温度，材料的物理状态就会发生变化。比如水，由常温降到摄氏零度以下会结冰，水由液态变成固态；超过 100℃ 又会变成水蒸气，以气态形式存在，物理状态不同对其介电特性也有很大的影响。

　　温度对沥青混合料的介电特性会有哪些影响，遵循什么样的规律？下面对沥青混合料的主要组成成分一一进行分析。

4.4.1　温度对沥青介电特性的影响

　　在进行沥青混合料介电特性试验时，在不同温度下应用网络分析仪搭载同轴探头对沥青的介电常数进行了测试，不同频率下不同温度（15℃、20℃、25℃）下，沥青混合料的介电常数如图 4.9 所示。

　　虽然图中的数据量有限，但也不难发现沥青介电常数与温度的大致关系：随温度的升高，沥青的介电常数略有升高，但变化很小，与文献［22］结论一致。

　　分析出现上述现象的原因，主要是沥青是由碳氢组成的无极性高分子聚合物，分子间由链状形式键结而成，在外加电场作用下会产生极化现象，当温度升高时，分子由于受限于聚合物分子之间的链状键和碳氢原子间的共价键双重约束，活动能力增加有限，不会对电场作用下分子的排列产生较大影响，即不

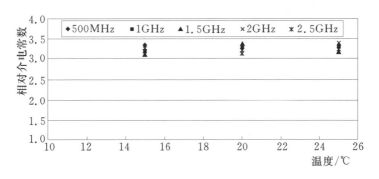

图 4.9 沥青介电常数与温度关系图
（70 号 A 级石油沥青）

会对极化有影响，所以温度升高，介电常数变化较小。

4.4.2 温度对骨料介电特性的影响

实验室内制作沥青混合料试件时，是在 150℃ 的温度下拌和的，压实温度为 120℃，在此加热过程中，所采用的骨料岩石中的自由水分基本蒸发完毕，故可以将骨料岩石看成是干燥岩石。关于干燥岩石的介电特性，文献［99］中进行了大量的试验，并测定了从室温到 100℃ 范围内岩石的介电常数，试验结果表明："温度对不同介质介电常数影响是不一样的。这是因为不同类型的极化与温度关系不同"[99]。试验结果如图 4.10 所示。

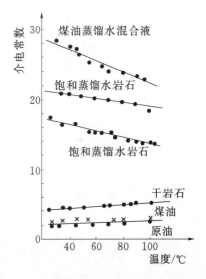

4.10 岩石（骨料）与温度关系图
（测量频率 100Mc）

从图 4.10 可看出：干燥岩石的介电常数随温度升高而略有升高，且大致呈线性关系。原因是在外加电场作用下，岩石这类矿物质只有位移极化与离子极化，在测量温度范围内，温度升高使岩石内部原子、电子、离子间连结减弱，更容易极化，因而随温度升高介电常数增大，但增幅较小。

4.4.3 温度对沥青混合料的影响

关于温度对沥青混合料介电常数的影响，先后有学者对其进行过试验研究。Jaselskis 等（2003）曾对 10GHz 频率区段内沥青混合料介电性能的温度依赖性进行了研究，如图 4.11 所示。研究发现微波频段内，沥青混合料介电常数和损失受温度的影响较小，介电常数随温度升高略微增大[100]。

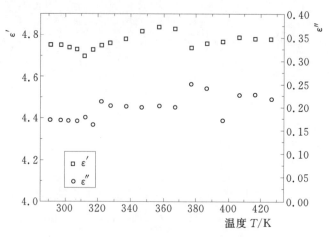

图 4.11　在 10GHz 时 S8.4 试件介电
常数与损失对温度关系图[100]

文献［22］采用 Agilent 85070E 探棒（−40～200℃）对不同温度下的沥青混合料的介电常数进行了测量，试验先将试件置于 90℃ 的烤箱内加热 2h，再取出进行试验，在温度为 30℃、35℃、40℃、45℃、50℃、55℃、60℃、65℃，沥青含量分别为 4%、5%、6% 的 AC－20C 沥青混合料各取 2 个试件进行了试验，试验结果如图 4.12 和图 4.13 所示，在 200MHz～13GHz 频率范围内，介电常数随温度变化略有变化，且大致呈线性相关，温度变化系数较小。

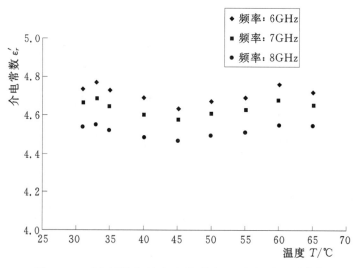

图 4.12　沥青混合料介电常数与温度的关系图[22]

文献［101］采用网络分析仪的波导法测量了不同温度下沥青混合料的介电常数。为应用波导腔进行测试，试验时，将配比不同的两种沥青混合料磨碎，装入聚四氟乙烯试管，在烘箱内加热到不同温度，再放入矩形谐振腔内测量其介电常数，对测量数据进行分析，得到复介电常数实部与虚部随温度的变化规律，如图 4.14 所示。

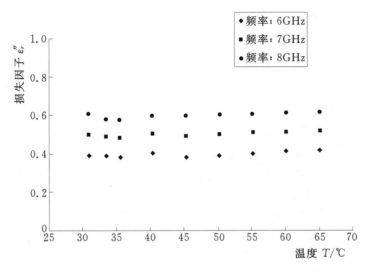

图 4.13 沥青混合料损失因子与温度的关系图[22]

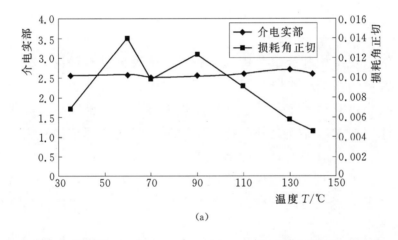

(a)

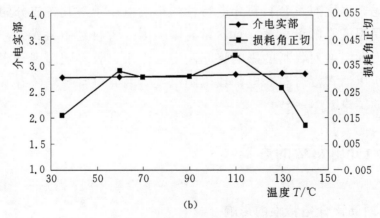

(b)

图 4.14 不同温度下配比不同的两种沥青
混合料矩形腔测试结果[101]

因为测试时将沥青混合料磨碎了，空隙率较大，所测的介电常数值与文献［29］相比较偏小，但不会改变温度对其的影响规律：沥青混合料的介电常数随温度的变化略有增加，且大体呈线性关系。

文献［102］用谐振腔微扰法测量了沥青混合料的复介电常数，测试结果见表4.9。表4.9显示：温度由26℃上升到110℃，介电常数由3.01变为3.08，该温度大致是路面沥青混合料的环境温度，在此外范围内，温度对沥青混合料的介电常数影响较小，且大致呈线性关系。

表4.9　　　　　　　　沥青混合料介电特性与温度对应关系[102]

温度/℃	介电常数	损耗/($\times 10^{-4}$)
26（室温）	3.01	192.26
60	3.05	254.53
70	3.06	279.67
80	3.06	295.51
90	3.08	301.19
100	3.08	313.41
110	3.08	325.93

从物质的微观结构和能量与熵的关系对上述现象进行理论分析：由能量与熵原理知，温度的增加会影响分子间排序，对于极性液体和气体，温度升高会使介电常数减小；对于固体，分子间排序较液体、气体稳定，温度影响不会像对液体和气体那样大，除此之外，介电常数还与材料内部结构有关，不同的材料会有不同的影响：对于沥青这种高分子材料，分子间排序更稳定，因此其介电常数、损失因子在高频范围内受温度影响较小；对于骨料，温度升高使岩石内部原子、电子、离子间连结减弱，更容易极化，因而随温度升高介电常数增大，但增幅较小。

综上所述，温度对复合材料介电特性的影响取决于对其各成分的影响，沥青介电常数受温度影响不显著，且含量有限。因为骨料是主要成分，体积率达75％以上，因此温度对骨料的影响将起决定性作用，骨料随温度升高介电常数略有升高，所以沥青混合料介电常数也随温度升高介电常数略微有所升高。这与上述文献的结论基本一致。

4.5　频率对介电常数的影响

4.5.1　频率对沥青介电特性的影响

图4.15是试验室实测的不同频率下沥青的介电常数，室温$T＝20$℃。从

图上可看出，沥青的介电常数随频率的变化较小，主要是因为沥青为无极性高分子聚合物，分子间由链状键连结而成，在外加电场作用下会产生极化现象，然而当频率增加时，由于受限于聚合物分子之间的链状键和碳氢原子间的共价键双重约束，旋转较为困难，极化速率未能随着频率的增加而有较大改变。

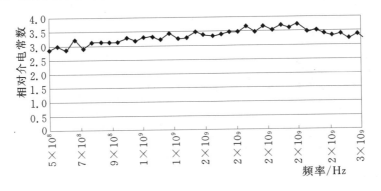

图 4.15　沥青介电常数与频率关系图（$T=20℃$）

4.5.2　频率对骨料介电特性的影响

骨料的介电常数随频率的变化见图 4.16，骨料的介电常数随频率升高而有所下降，主要是因为骨料频散与骨料内部结构和极化类型有关，当频率大于几百赫兹时，体积极化消失；当频率大于 10^9 Hz 时，转向极化将随着频率增加而减弱，当频率高至偶极子跟不上电场变化的频率时，骨料中将仅有位移极化，所以在 500MHz～2.5GHz 范围内，骨料的介电常数随着频率增加而减小。

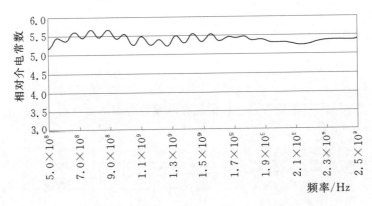

图 4.16　骨料介电常数与频率关系图

4.5.3　频率对空气介电特性的影响

空气的介电常数随频率的变化见图 4.17，空气的介电常数随频率升高而有所下降，主要是因为空气也是无极性材料，当频率增加时，极化速率跟不上电场变化的频率时，介电常数随着频率增加而减小。

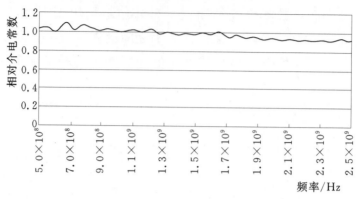

图 4.17　空气介电常数与频率关系图

4.5.4　频率对沥青混合料的影响

分析 AC‐16C、AC‐25C 两种沥青混合料介电常数随频率的变化相关数据，为尽量消除测量的误差，分别将六种材料对应的 10 个试件的数据和每个试件对应 10 个测点的数据进行平均，再分析介电常数随频率的变化规律，具体情况如图 4.18～图 4.20 所示。

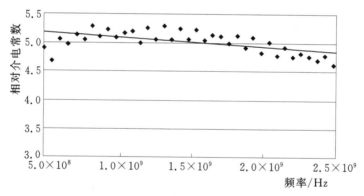

图 4.18　AC‐16C 型沥青混合料试件介电常数与频率关系图（油石比：4%）

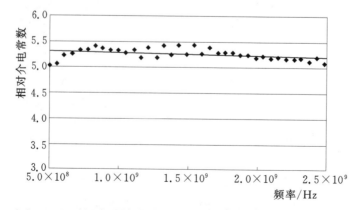

图 4.19　AC‐16C 型沥青混合料试件介电常数与频率关系图（油石比：5%）

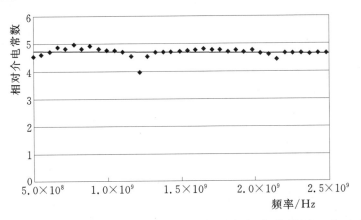

图 4.20　AC-16C 型沥青混合料试件介电常数与频率关系图（油石比：6%）

从图 4.18～图 4.20 可以看出，对于 AC-16C 沥青混合料，尽管油石比不同（4%、5%、6%），但介电常数随频率的变化率基本一致：随着频率的增加，介电常数减小；其影响程度不像水泥混凝土那么明显。需说明的是图中有个别测点的变化比较突兀，这主要是由于测量误差或材料的不均匀性所引起的。

由图 4.21～图 4.23 知，对于 AC-25C 沥青混合料，尽管油石比不同（4%、5%、6%），但介电常数随频率的变化率也基本一致：随着频率的增加，介电常数减小；但减小的幅度较缓，频率对介电常数的影响程度不像水泥混凝土那么显著。需说明的是图中有个别测点的变化比较突兀，这主要是由于测量误差所引起的或试件中材料的不均匀性导致的。

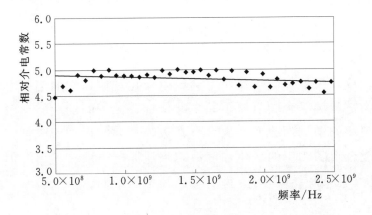

图 4.21　AC-25C 型沥青混合料试件介电常数
与频率关系图（油石比：4%）

综上所述，无论是 AC-16C 还是 AC-25C 型的沥青混合料，不同油石比时，介电常数随频率的增加而减小，究其原因，主要是因为频率不同，极化机制也不同，特别是对于沥青这种碳氢化合物组成的高分子聚合物，分子间由链

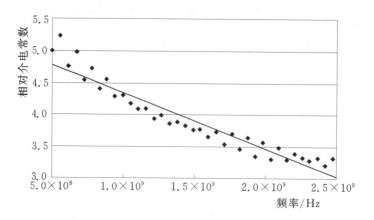

图 4.22 AC－25C 型沥青混合料试件介电常数
与频率关系图（油石比：5％）

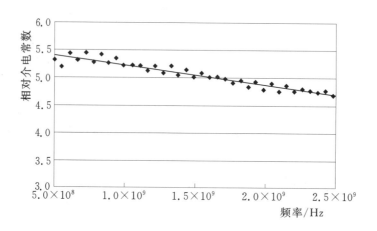

图 4.23 AC－25C 型沥青混合料试件介电常数
与频率关系图（油石比：6％）

状形式键结组成，在外加电场作用下会产生极化现象，然而当频率增加时，因受限于聚合物链状键结合碳氢原子间之共价键，原子间的旋转比较困难，极化速率未随着频率的增加而改变，故介电常数随频率的增加而降低。

但沥青混合料随频率的变化幅度没有水泥混凝土那么显著，但在用电磁无损检测技术检测沥青混合料时，仍要考虑频率的影响。

4.6 综合考虑温度、频率介电模型的建立

由上面理论和试验分析知，在本研究的频率（500MHz～2.5GHz）范围内，沥青混合料随频率大致呈线性关系递减的规律，随温度大致呈线性关系递增的规律。鉴于温度和频率上述的影响规律，以 4.2 节介电常数模型为基础，

建立综合考虑温度和频率沥青混合料介电模型，整体思路和水泥混凝土综合介电模型相同，具体推导过程如下。

1. 考虑温度时

同样，为消除温度的影响进行介电常数的对比分析，通常也将不同温度下沥青混合料的介电常数统一化为 20℃ 温度时的介电常数，转化关系如式（3.13）所示。

鉴于温度对沥青混合料的影响，建立介电模型时需进行温度修正。若考虑温度影响，沥青混合料的介电模型变为

$$\varepsilon_{ac,T} = \left[\sum_{i=1}^{n} v_i \frac{\varepsilon_i - 1}{\varepsilon_i + 2} \right]_{20} \left[1 + (T - 20)\alpha_\varepsilon \right] \tag{4.9}$$

其中

$$\left[\sum_{i=1}^{n} v_i \frac{\varepsilon_i - 1}{\varepsilon_i + 2} \right]_{20} = \sum_{i=1}^{n} v_i \frac{\varepsilon_{i,20} - 1}{\varepsilon_{i,20} + 2}$$

$$\varepsilon_{i,20} = \frac{\varepsilon_{i,T}}{1 + (T - 20)\alpha_\varepsilon}$$

式中　$\varepsilon_{i,20}$——温度为 20℃时，成分 i 的介电常数；

$\varepsilon_{i,T}$——温度为 T℃时，成分 i 的介电常数；

$\varepsilon_{ac,T}$——温度为 T℃时，沥青混合料的介电常数。

2. 考虑频率时

根据试验数据得出的统计规律，任意频率对应下的介电常数与频率之间满足下列线性关系：

$$\varepsilon_{ac,f} = af + b \tag{4.10}$$

式中　$\varepsilon_{ac,f}$——频率为 f 时沥青混合料的介电常数；

a、b——待定常数。

与温度对介电常数影响的处理办法一致，为消除频率的影响，方便不同测量频率下数据的对比，将不同频率下测量的介电常数化为某一指定频率 f_1 下的介电常数。对于指定频率 f_1，同样也满足上述线性规律：

$$\varepsilon_{ac,f_1} = af_1 + b \tag{4.11}$$

式中　ε_{ac,f_1}——频率为 f 时沥青混合料的介电常数。

将式（4.10）减去式（4.11）可得

$$\varepsilon_{ac,f} = \varepsilon_{ac,f_1} + a(f - f_1) \tag{4.12}$$

3. 同时考虑温度、频率时

若同时考虑温度和频率的影响，由式（4.12）可得

$$\varepsilon_{ac,fT} = \left\{ \left[\sum_{i=1}^{n} v_i \frac{\varepsilon_{i,f_1} - 1}{\varepsilon_{i,f_1} + 2} \right]_{20} \left[1 + (T - 20)\alpha_\varepsilon \right] \right\} + a(f - f_1) \tag{4.13}$$

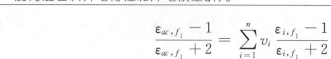
$$\frac{\varepsilon_{ac,f_1}-1}{\varepsilon_{ac,f_1}+2}=\sum_{i=1}^{n}v_i\frac{\varepsilon_{i,f_1}-1}{\varepsilon_{i,f_1}+2}$$

式中　$\varepsilon_{ac,fT}$——频率为 f、温度为 T℃时沥青混合料的介电常数；

ε_{ac,f_1}——基准频率 f_1 所对应的介电常数；

ε_{i,f_1}——基准频率 f_1 所对应成分 i 的介电常数；

f_1——基准频率；

f——任意频率；

α_ε——温度影响系数，℃$^{-1}$；

a——待定常数，由试验测定或现场测试确定，GHz^{-1}。

上述介电模型中，温度变化系数 α_ε、待定常数 a 均由试验数据来确定，必要时还可根据试验数据对模型进行修正。

4.7　沥青混合料介电模型的验证

4.7.1　理论模型的试验验证

根据电介质极化理论及沥青混合料材料微观组成模型，4.4.1节经过理论分析，推荐瑞利（Rayleigh）模型为沥青混合料材料的介电模型。

在试验室内进行试验时，沥青混合料是加热后混合并在 120℃压实成型，能有效地去除附带的水分，因此试验室内的沥青混合料内含水量非常微弱，故不考虑水分的存在和影响。这样，沥青混合料的主要组成成分为空气、沥青和骨料三部分，对于三组分的混合物，瑞利（Rayleigh）模型的具体公式如式（4.14）所示。

$$\frac{\varepsilon_{ac}-1}{\varepsilon_{ac}+2}=v_{as}\frac{\varepsilon_{as}-1}{\varepsilon_{as}+2}+v_s\frac{\varepsilon_s-1}{\varepsilon_s+2}+v_a\frac{\varepsilon_a-1}{\varepsilon_a+2} \tag{4.14}$$

式中　ε_{ac}——沥青混合料介电常数；

ε_a、v_a——空气的介电常数、体积比；

ε_{as}、v_{as}——沥青的介电常数、体积比；

ε_s、v_s——骨料的介电常数、体积比。

沥青及骨料（石块）的介电常数（25℃）的实测值见表 4.10、表 4.11。

表 4.10　　　　　　　　沥青介电常数（25℃）

频　率	500MHz	1GHz	1.5GHz	2GHz
介电常数 ε'	3.824	3.792	3.818	3.839

表 4.11　　　　　　　　骨料介电常数（25℃）

频　　率	500MHz	1GHz	1.5GHz	2GHz
介电常数 ε'	6.263	6.132	5.920	5.804

从表 4.10、表 4.11 知，在一定温度下，不同测试频率，沥青和骨料的介电常数不同，因此分析沥青混合料试件、沥青及骨料介电特性和介电常数时，须采用同温度和同频率的相关参数。

根据两种沥青混合料类型试件的介电常数实测值，对所荐模型进行合理性检验，并与对数模型、均方根模型、立方根模型、线性模型、李剑浩公式和SC 模型进行对比分析。具体做法是：将三相体积比及表 4.10、表 4.11 中沥青和骨料的介电常数代入各介电模型，得到各介电模型的计算值，与实测值比较，计算相对误差值大小，比较不同模型的拟合效果和精度。

沥青混合料 AC - 16C 在频率为 500MHz、1GHz、1.5GHz 和 2GHz 的计算结果如图 4.24～图 4.31 所示。

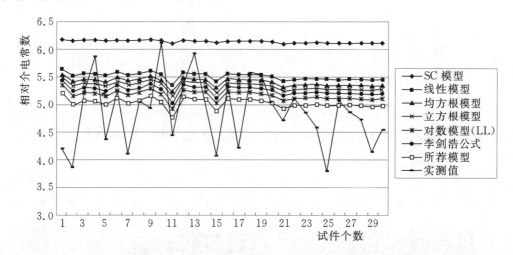

图 4.24　不同介电模型计算值与实测值对比分析图（AC - 16C，f＝500MHz）

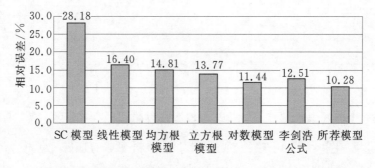

图 4.25　不同介电模型相对误差分析图（AC - 16C，f＝500MHz）

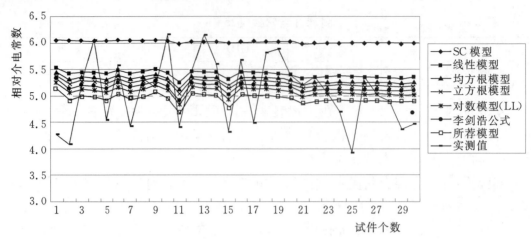

图 4.26　不同介电模型计算值与实测值对比分析图（AC-16C，$f=1$GHz）

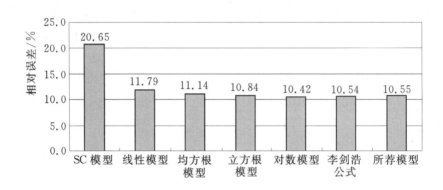

图 4.27　不同介电模型相对误差分析图（AC-16C，$f=1$GHz）

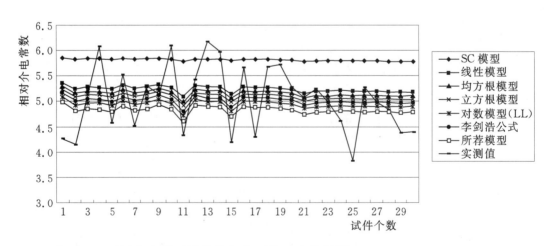

图 4.28　不同介电模型计算值与实测值对比分析图（AC-16C，$f=1.5$GHz）

　　由图 4.24～图 4.31 可知：对于沥青混合料 AC-16C，各模型计算值与实测值吻合较好的是瑞利模型，其次依次是对数模型、李剑浩公式、立方根模型、均方根模型、线性模型和 SC 模型。

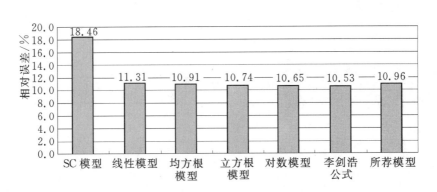

图 4.29 不同介电模型相对误差分析图
(AC-16C，$f=1.5\mathrm{GHz}$)

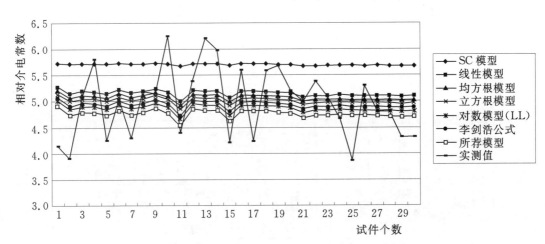

图 4.30 不同介电模型计算值与实测值对比分析图
(AC-16C，$f=2\mathrm{GHz}$)

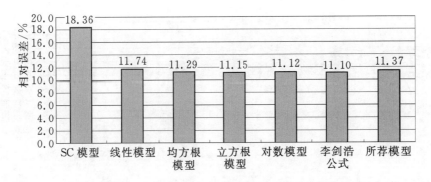

图 4.31 不同介电模型相对误差分析图
(AC-16C，$f=2\mathrm{GHz}$)

沥青混合料 AC-25C 在频率为 500MHz、1GHz、1.5GHz 和 2GHz 的计算结果如图 4.32~图 4.39 所示。

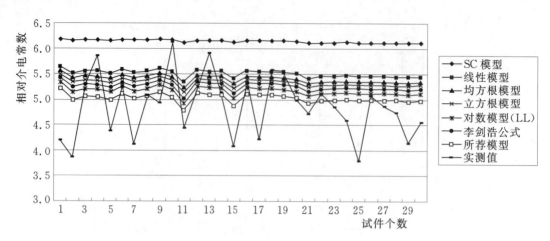

图 4.32　不同介电模型计算值与实测值对比分析图

（AC‑25C，$f=500\text{MHz}$）

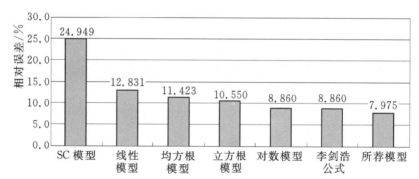

图 4.33　不同介电模型相对误差分析图

（AC‑25C，$f=500\text{MHz}$）

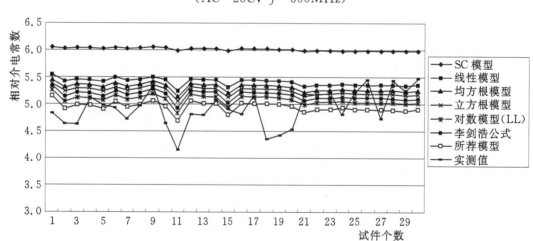

图 4.34　不同介电模型计算值与实测值对比分析图

（AC‑25C，$f=1\text{GHz}$）

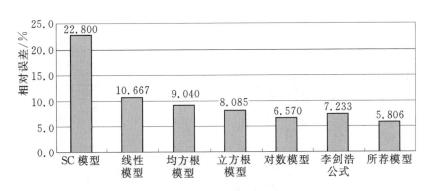

图 4.35 不同介电模型相对误差分析图（AC－25C，f＝1GHz）

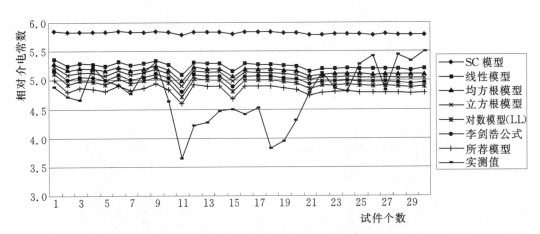

图 4.36 不同介电模型计算值与实测值对比分析图（AC－25C，f＝1.5GHz）

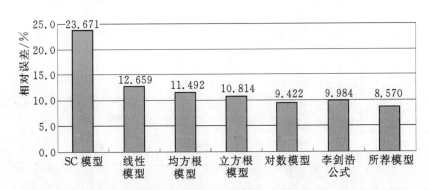

图 4.37 不同介电模型相对误差分析图（AC－25C，f＝1.5GHz）

由图 4.32～图 4.39 可知：对于沥青混合料 AC－25C，各模型计算值与实测值吻合最好的是瑞利模型，其次是对数模型、李剑浩公式、立方根模型、均方根模型、线性模型和 SC 模型。

为更好地了解各介电模型对描述沥青混合料介电特性的适用性和精确度，对 AC－25C 和 AC－16C 两种类型沥青混合料在频率为 500MHz、1GHz、

1.5GHz 和 2GHz 的计算误差进行总体分析，见图 4.40。

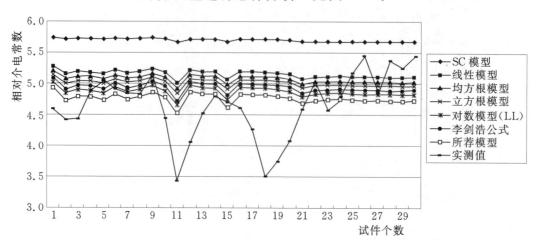

图 4.38 不同介电模型计算值与实测值对比分析图（AC-25C，f=2GHz）

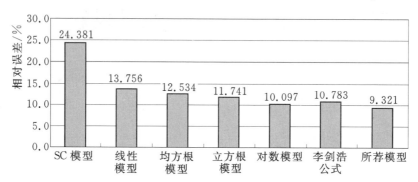

图 4.39 不同介电模型相对误差分析图（AC-25C，f=2GHz）

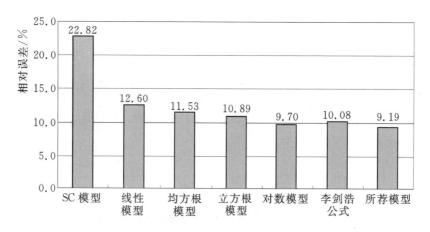

图 4.40 不同介电模型总误差分析图

由图 4.40 可知：对于两种类型的沥青混合料，整体来看，各模型计算值与实测值吻合最好的是瑞利模型，其次依次是对数模型、李剑浩公式、立方根模型、均方根模型、线性模型和 SC 模型。

从上述图表和一系列的分析可以看出，因测量方法、测量仪器的误差和试件材料方面差异和不均匀性，测量点的随机性等，导致沥青混合料的实测值变化幅度较大，模型的计算结果比较稳定，但两者变化区间、变化趋势均较一致，故可认为瑞利模型较适用描述沥青混合料的介电特性。

4.7.2 综合考虑频率、温度介电模型验证

根据表 4.9 中的数据，对综合介电模型进行温度修正，由表中的数据可大致确定沥青混合料的温度变化系数 $\alpha_\varepsilon = (8.3 \times 10^{-4} \sim 2 \times 10^{-3}) / ℃$。

进行频率修正时，对在 4.2.2 节提出的含频率的沥青混合料的基础上，根据试验的成果来确定公式中的待定常数 a。为分析问题的方便或减少测量误差的干扰，文中对所测的 10 个沥青混合料试件的介电常数进行了平均，并抽取具有代表意义的 5 个频率点（500MHz、1GHz、1.5GHz、2GHz、2.5GHz）进行观察考证以及用来确定待定常数 a。

假定基准频率为 500MHz，按照上述方法整理试验数据并分析，得到了 AC-16C 油石比分别为 4％、5％和 6％时沥青混合料含频率在内的介电模型中的待定常数，见表 4.12。含频率介电模型计算结果与实测结果的对比见图 4.41～图 4.43。

表 4.12　AC-16C 不同油石比沥青混合料的基准频率和待定常数 a 的取值

常　　数	4％油石比	5％油石比	6％油石比
f_1/MHz	500	500	500
a/GHz	−0.09	−0.09	−0.10

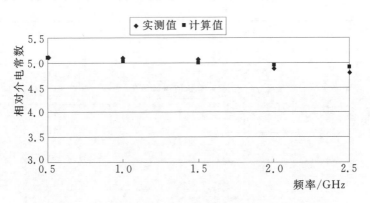

图 4.41　含频率介电模型计算值与实测值对比图
（AC-16C；油石比：4％）

按照相同的方法，得到了 AC-25C 油石比分别为 4％、5％和 6％时沥青混合料含频率在内的介电模型中的待定常数，见表 4.13。AC-25C 型沥青混合料含频率介电模型计算结果与实测结果的对比见图 4.44～图 4.46。

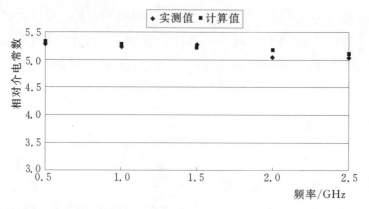

图 4.42 含频率介电模型计算值与实测值对比图（AC-16C；油石比：5%）

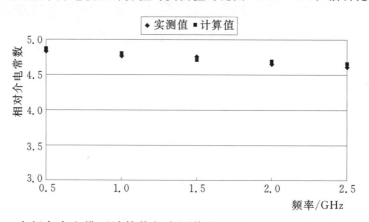

图 4.43 含频率介电模型计算值与实测值对比图（AC-16C；油石比：6%）

表 4.13 AC-25C 不同油石比沥青混合料的基准频率和待定常数 a 的取值

常　　数	4%油石比	5%油石比	6%油石比
f_1/MHz	500	500	500
a/GHz	−0.20	−0.60	−0.17

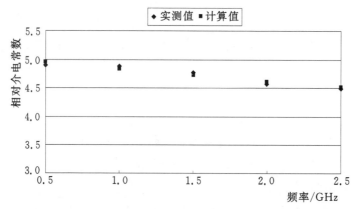

图 4.44 含频率介电模型计算值与实测值对比图
（AC-25C；油石比：4%）

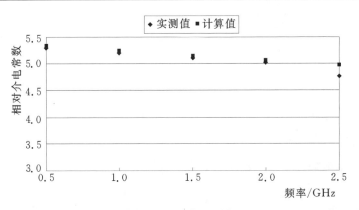

图 4.45　含频率介电模型计算值与实测值对比图（AC－25C；油石比：5％）

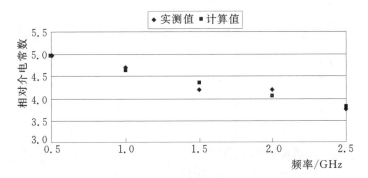

图 4.46　含频率介电模型计算值与实测值对比图（AC－25C；油石比：6％）

从图 4.44～图 4.46 可知：含频率沥青混合料介电模型的计算值与实测值拟合较好，说明了该频率区间内，沥青混合料介电常数随频率变化关系呈线性关系，所建立含频率介电模型适合描述沥青混合料的介电特性。

基于综合考虑温度和频率沥青混合料介电模型，对上述 6 组试件进行 5 个频率下的介电常数计算，其结果与图 4.44～图 4.46 差别不大，精度略有提高。这主要是因为温度对沥青混合料的影响较小的缘故。这里就不再重复。

下面对没考虑温度、频率影响的介电常数计算误差与考虑之后的计算误差进行比较分析，见图 4.47 所示。

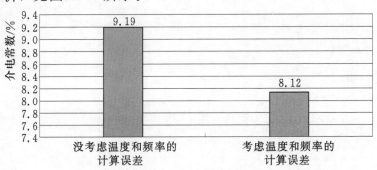

图 4.47　有无考虑温度和频率影响的误差分析图

由图 4.47 可以看出，考虑了温度和频率的影响后，介电常数的计算误差由原来的 9.19％下降到了 8.12％，计算精度提高。这充分说明，温度和频率对沥青混合料介电特性有影响，与前面分析的结论一致。既然存在影响，那么在实际的工程应用中就需要考虑温度和频率的影响。怎样考虑频率和温度的影响，本研究所建立综合介电常数模型可提供参考。

考虑了温度和频率后，由综合模型计算的介电常数仍存在 8.12％误差，这主要是因为介电常数的测量方法和材料的离散性和不均匀性引起的。

4.8 本章小结

（1）沥青混合料组成成分体积率和介电特性对其介电常数有影响：空隙率越高，沥青混合料的介电常数越小；随着沥青体积率增加，沥青混合料的介电常数减小；单位体积内，骨料用量的增多会使得沥青混合料的介电常数增加。

（2）除成分体积率和介电特性对介电常数有影响，频率和温度也影响沥青混合料介电特性，随着频率增加，沥青混合料的介电常数降低。但频率对沥青混合料介电特性的影响不如对水泥混凝土显著；沥青混合料的介电常数会随着温度有些微变化，但也不明显，温度影响系数较小。

（3）根据实测空气、沥青、骨料的介电常数和体积比，比较分析了线性模型、均方根模型、立方根模型、瑞利模型、对数模型、李剑浩公式、SC 模型等 7 种理论模型，瑞利模型的理论值与趋势比较接近试验值。鉴于温度和频率的影响，在 500MHz～2.5GHz 频率范围内，本研究在瑞利模型的基础上建立了综合考虑频率、温度沥青混合料介电模型，并进行了验证。

5 综合介电模型的工程应用

5.1 介电模型应用的基本理论

如绪论中工程背景所述，应用电磁无损检测技术进行水泥混凝土和沥青混合料质量检测的大致流程如图 5.1 所示。从图 5.1 可看出，由电磁无损检测技术测试的介电常数，要实现水泥混凝土和沥青混合料质量检测指标的检测，介电模型的建立是检测中的关键技术，同样，在介电模型的基础上进行各组成成分体积率乃至各质检指标的计算也是重要环节和最终目的，同时也是介电模型工程应用价值的体现和检验。

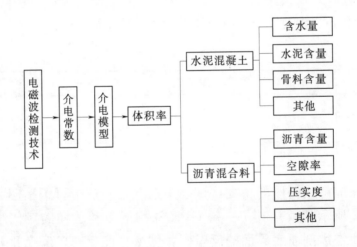

图 5.1 介电模型工程应用的流程图

本书将结合其他相关文献的工程试验数据，基于水泥混凝土和沥青混合料的综合介电模型，研究分析由介电常数计算组成成分体积率的方法，并根据试验数据进行计算，从而提高混凝土质量检测的效率和精度，发展介电模型的工程应用，扩展电磁无损检测技术的应用领域，也可检验本研究所得到介电模型和一些试验结论和规律的正确性和相关计算精度，为介电模型的工程应用提供参考和依据。

5.2　水泥混凝土介电模型的工程应用

5.2.1　结构层厚度的计算

水泥混凝土结构层厚度是最早应用电磁波技术进行检测的主要内容之一，其基本原理是向混凝土板内发射电磁波，通过接受混凝土板底部界面的反射波信号和时间延迟来计算反射系数和介电常数，进而计算混凝土中的电磁波速，再由波速和时间计算结构层的厚度。通常情况下，混凝土的介电常数是根据反射系数得到的，即根据反射波的波幅和入射波的波幅之比计算而得。

本节从水泥混凝土组成成分的介电常数和体积率入手，通过综合介电模型计算介电常数，从而计算混凝土的厚度，并与实测厚度对比，以检验介电模型的有效性和计算精度。

文献［55］于 2009 年 5 月（温度 25℃）在山东省某工地应用探地雷达对已有的混凝土薄板进行了厚度检测，探地雷达是中国电波传播研究所的 LTD2100 雷达，天线频率为 1.5GHz。所用的混凝土板 2009 年 3 月浇筑的，设计厚度为 12cm。混凝土板的主要用料及其介电常数见表 5.1。

表 5.1　　　　　　　　　　混凝土的配比[55]

项　　目	水泥	粉煤灰	水	砂子	石子
配比/(kg/m³)	255	95	147	784	1082
体积比	0.0793	0.0802	0.133	0.3060	0.4120
介电常数	1.54	3.82	81.00	2.30	4.00

为检验探地雷达测厚的精度，试验中选 5 个测点进行了钻芯取样，以进行比对。图 5.2 所示的就是其中一条 GPR 探测剖面和芯样的对比结果，两者对比发现，探地雷达剖面底界面的反射同相轴变化能反映厚度变化，并具有线性对应关系。

应用文献［55］的水泥混凝土的配比、各成分介电常数、板厚度等相关的数据，基于室内试验验证的水泥混凝土综合介电模型，综合考虑温度和频率影响，如式（5.1）所示，进行水泥混凝土介电常数的计算。计算出的水泥混凝土的相对介电常数为 7.98。由计算的介电常数，根据式（5.2）计算电磁波波速，计算波速为 0.108m/ns。另外，为便于比较，还基于常见的线性模型、均方根模型和立方根模型分别计算了所对应的介电常数和电磁波波速，见表 5.2。

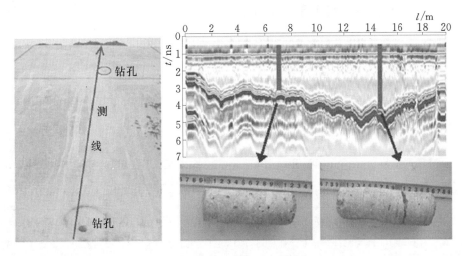

图 5.2 GPR 典型探测剖面和取样结果[55]

表 5.2 常见模型对应的介电常数和波速

介 电 模 型	介 电 常 数	波速/(m/ns)
所荐模型	7.98	0.108
线性模型	13.55	0.081
均方根模型	7.51	0.109
立方根模型	6.34	0.119

$$\varepsilon_{混} = \Big[\sum_{i=1}^{n} v_i \varepsilon_i - \frac{1}{3}\sum_{i=1}^{n} v_i(\varepsilon_i - \langle \varepsilon \rangle)\ln\varepsilon_i\Big]\big[1 + (T-20)\alpha_\varepsilon\big] + A\mathrm{e}^{-\frac{f}{f_1}} \quad (5.1)$$

$$v_{混} = \frac{c}{\sqrt{\varepsilon_{混}}} \quad (5.2)$$

式中 c——真空中的电磁波速，$3\times10^8\,\mathrm{m/s}$。

由电磁波波速和实测的双程走时计算混凝土板的厚度，具体计算见式（5.3），同时根据混凝土常规波速变化特征，取经验值 $v=0.114\mathrm{m/ns}$ 进行厚度计算。将不同模型和经验值的计算厚度与实测的板厚比较，以检验所推荐模型有效性和计算精度，计算结果见表 5.3。不同模型的平均相对误差见图 5.3。

$$h_{混} = v_{混} \cdot \frac{t}{2} \quad (5.3)$$

式中 t——电磁波在混凝土板中的双程走时，s。

由表 5.3 和图 5.3 知：基于所荐水泥混凝土介电模型，考虑温度和频率影响后，计算的板厚更接近混凝土板的实测厚度；其平均相对误差为 8.45%，远小于其他模型的误差和经验值的误差，满足规范中对检测精度的要求[103]。该应用实例进一步验证了试验室内所荐水泥混凝土介电模型的合理性、适用性和精确性，为其进一步的工程应用提供了佐证。

表 5.3　　　　　　　混凝土板实际厚度和计算厚度

测点	实测厚度/cm	所荐模型 $v=0.108$m/ns		经验值 $v=0.114$m/ns		线性模型 $v=0.081$m/ns		均方根模型 $v=0.109$m/ns		立方根模型 $v=0.119$m/ns	
		计算厚度/cm	误差/%	计算厚度/cm	误差/%	计算厚度/cm	误差/%	计算厚度/cm	误差/%	计算厚度/cm	误差/%
1	12.5	12.39	0.89	13.10	4.80	9.35	25.21	12.50	0.02	13.65	9.20
2	16.5	18.32	11.02	19.40	17.58	13.82	16.22	18.49	12.04	20.18	22.32
3	16.5	17.26	4.60	18.20	10.30	13.02	21.07	17.42	5.57	19.02	15.25
4	16.5	18.32	11.02	19.40	17.58	13.82	16.22	18.49	12.04	20.18	22.32
5	12.0	13.76	14.71	14.50	20.83	10.39	13.44	13.89	15.77	15.17	26.39

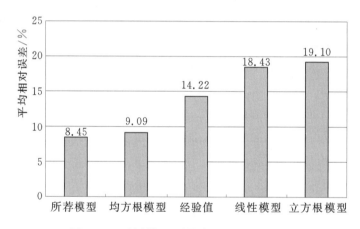

图 5.3　不同模型平均相对误差对比图

5.2.2　含水量的计算

含水量对水泥混凝土强度发展收缩徐变和耐久性等有重要的影响，在结构检测中，测定水泥混凝土的含水量对合理地评价混凝土的性能具有现实意义。

工程上，含水量分为重量含水量和体积含水量两种，通常情况下，若没特别说明，均是指重量含水量，重量含水量是水的质量和固体质量的比值，如式（5.4）所示；体积含水量是水的体积占总体积的比值，如式（5.5）所示。

$$w=\frac{M_w}{M_s}\times100\%\tag{5.4}$$

$$v_w=\frac{V_w}{V}\times100\%\tag{5.5}$$

将式（5.5）代入式（5.4）得

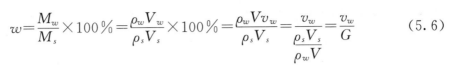

$$w = \frac{M_w}{M_s} \times 100\% = \frac{\rho_w V_w}{\rho_s V_s} \times 100\% = \frac{\rho_w V v_w}{\rho_s V_s} = \frac{v_w}{\dfrac{\rho_s V_s}{\rho_w V}} = \frac{v_w}{G} \qquad (5.6)$$

式中　　w、v_w——重量含水量、体积含水量；

M_w、ρ_w、V_w——混合料中水的质量、密度和体积；

M_s、ρ_s、V_s——混合料中固体质量、密度和体积；

V——混合料的体积；

G——水泥混凝土的干密度（毛体积密度），g/cm^3；可由试验测得，通常为 $2.4g/cm^3$ 左右。

5.2.2.1　基于介电模型计算含水量的方法

为应用后面相关文献的数据进行模型测试，这里也和文献［104］一样，将硬化后的水泥混凝土视作为由干燥水泥混凝土和水组成的混合料，并考虑测试频率和温度的影响，此时前面第 3 章所荐的水泥混凝土的介电模型可写为如下形式：

$$\varepsilon_混 = v_w \varepsilon_w + (1 - v_w)\varepsilon_{干混} - \frac{1}{3}v_w \ln\varepsilon_w \{\varepsilon_w - [v_w\varepsilon_w + (1-v_w)\varepsilon_{干混}]\}$$

$$- \frac{1}{3}(1-v_w)\ln\varepsilon_{干混}\{\varepsilon_{干混} - [v_w\varepsilon_w + (1-v_w)\varepsilon_{干混}]\} \qquad (5.7)$$

若已知水泥混凝土、水和干燥水泥混凝土的介电常数，上式是关于体积含水量 v_w 的一元二次方程，求解方程可得到水泥混凝土的体积含水量。

将上述方程整理变形，写成下列形式：

$$av_w^2 + bv_w + c = 0 \qquad (5.8)$$

其中　　　　　　　　$a = \frac{1}{3}(\varepsilon_w - \varepsilon_{干混})(\ln\varepsilon_w - \ln\varepsilon_{干混})$

$$b = \frac{1}{3}(\varepsilon_w - \varepsilon_{干混})(\ln\varepsilon_{干混} - \ln\varepsilon_w - 3)$$

$$c = c_{干混} - c_混$$

根据公式可以初步判断其中一个根保留，如式（5.9），另一个根因小于零，不合理，舍去。

$$v_w = \frac{-b + \sqrt{b^2 - 4ac}}{2a} \qquad (5.9)$$

由上述式（5.9）求出的体积含水量，应用（5.6）可求重量含水量。

5.2.2.2　水泥混凝土含水量的计算

2010 年北京交通大学的杨健在其硕士论文中曾应用雷达技术对水泥混凝土含水率和湿度场分布进行了试验测试［104］，试验中，将已过自然养护期的混凝土浸泡入自来水中，至试件含水率达到饱和，再采用自然干燥和烘干两种方式降低试件含水量，同时运用瑞典 Mala 公司的 1.5GHz RAMAC/GPR 天线和数字雷达主机及相关电脑软件采集数据，以用来研究分析含水量与雷达波的波速和水泥混凝土介电常数之间的关系。

试验中，所用的水泥混凝土的材料和配比如表 5.4 所示，水泥采用金隅 42.5 普通硅酸盐水泥，中粗河砂，石子为天然石灰石，最大粒径 25mm，试件设计强度等级为 C50，试件尺寸为 600mm×600mm×60mm，如图 5.4 所示。为了在测量介电常数的同时测量含水量，试验时，还浇筑了 12 块厚度为 60mm 对比试件。

表 5.4　　　　　　　　　　　　水泥混凝土配比[104]

介　质	配合比	介　质	配合比
水泥	387kg/m³	石子	1562kg/m³
水	151kg/m³	引气剂掺量	0.015％
砂子	650kg/m³		

图 5.4　水泥混凝土试件[104]

试验的具体步骤：水泥混凝土采用室外浇筑，自然条件下养护，养护结束后把试件和 12 个对比试件完全浸入自来水中浸泡 4d，浸入深度不低于 20cm；浸泡后取出试件在各个面（上表面除外）粘贴铝箔，以使水分沿一维方向扩散；在试件画出雷达检测测线，并将试件置于阳光下自然干燥，用雷达进行测试，同时将 12 块对比试件用烘箱烘干至恒重，记录质量；接下来，再次把试件完全浸入水中浸泡 4d，然后利用烘箱将试件和 12 块对比小试件烘干，烘干

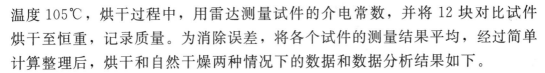

温度105℃，烘干过程中，用雷达测量试件的介电常数，并将12块对比试件烘干至恒重，记录质量。为消除误差，将各个试件的测量结果平均，经过简单计算整理后，烘干和自然干燥两种情况下的数据和数据分析结果如下。

1. 烘干情况下

采用烘干法降低含水量时，水泥混凝土实测含水量与介电常数的对应关系如表5.5所示。

表 5.5　　　　　　　　　烘干法测量的含水量与介电常数[104]

测量日期	重量含水量/%	实测混凝土介电常数
4月15日 18：35	5.038	8.399
4月16日 10：35	5.019	8.425
4月16日 17：00	4.808	8.244
4月16日 20：25	4.066	7.951
4月17日 23：30	3.436	7.664
4月18日 14：00	2.902	7.487

基于表5.5数据，文献［104］分析了水泥混凝土的重量含水量和介电常数之间的相关关系，并进行了回归分析，如图5.5所示，图中拟合曲线的经验公式如式（5.10）所示。

$$\varepsilon_{混} = 0.434w + 6.194 \tag{5.10}$$

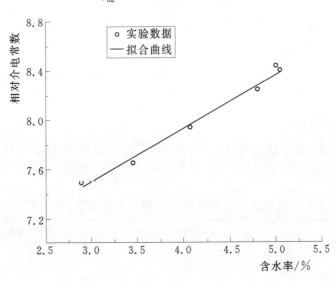

图 5.5　烘干法介电常数与含水量关系[104]

由式（5.10）可知：含水量为零时，水泥混凝土的介电常数为6.194，即认为干燥混凝土的介电常数为6.194。假设含水量未知，基于水泥混凝土实测介电常数和所荐介电模型，由式（5.8）进行体积含水量的计算，由体积含水量据式（5.6）计算重量含水量，最后与实测的重量含水量进行对比分析，以考核介电模型的有效性、基于介电常数和介电模型进行含水量测试的可行性和精确性。含水量计算结果如表5.6和图5.6所示。

表5.6 烘干法计算含水量与实测含水量对比

测量日期	水介电常数	干燥混凝土介电常数	实测混凝土介电常数	体积含水量计算值/%	重量含水量计算值/%	重量含水量实测值/%	相对误差/%
4月15日18：35	81	6.194	8.399	0.120	4.997	5.038	0.824
4月16日10：35	81	6.194	8.425	0.121	5.038	5.019	0.378
4月16日17：00	81	6.194	8.244	0.114	4.745	4.808	1.308
4月16日20：25	81	6.194	7.951	0.102	4.248	4.066	4.465
4月17日23：30	81	6.194	7.664	0.089	3.727	3.436	8.467
4月18日14：00	81	6.194	7.487	0.081	3.386	2.902	16.684

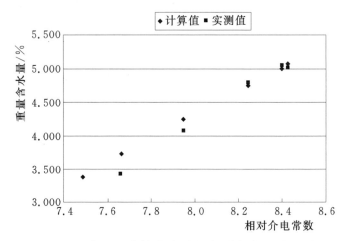

图5.6 烘干法计算含水量与实测含水量对比图

2. 自然干燥情况下

采用自然干燥法降低含水量时，水泥混凝土实测含水量与介电常数的对应关系如表5.7所示。

表5.7 自然干燥法测量的含水量与介电常数[104]

测量日期	重量含水量/%	实测混凝土介电常数
4月4日	3.49	8.137
4月6日	3.07	7.871
4月8日	2.86	7.846
4月10日	2.86	7.846
4月12日	2.77	7.783
4月14日	2.75	7.734

基于表 5.7 数据，文献［104］分析了水泥混凝土的重量含水量和介电常数之间的相关关系，并进行了回归分析，如图 5.7 所示，图中拟合曲线的经验公式如式（5.11）所示：

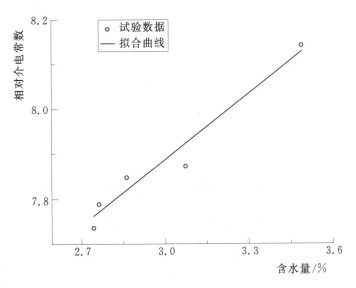

图 5.7　自然干燥法介电常数与含水量关系[104]

$$\varepsilon_{混} = 0.4854w + 6.4286 \tag{5.11}$$

由式（5.11）可知：含水量为零时，水泥混凝土的介电常数为 6.4286，即认为干燥混凝土的介电常数为 6.4286，假设含水量未知，基于水泥混凝土实测介电常数和所荐介电模型，式（5.8）进行体积含水量的计算，由体积含水量计算重量含水量，最后与实测的重量含水量进行对比分析。含水量计算结果如表 5.8 和图 5.8 所示。

表 5.8　　　　　　　　自然干燥法计算含水量与实测含水量对比

测量日期	水介电常数	干燥混凝土介电常数	实测混凝土介电常数	体积含水量计算值/%	重量含水量计算值/%	重量含水量实测值/%	相对误差/%
4月4日	81	6.4286	8.137	0.097	4.027	3.49	15.380
4月6日	81	6.4286	7.871	0.085	3.546	3.07	15.493
4月8日	81	6.4286	7.846	0.084	3.499	2.86	22.336
4月10日	81	6.4286	7.846	0.084	3.499	2.86	22.336
4月12日	81	6.4286	7.783	0.081	3.379	2.77	22.000
4月14日	81	6.4286	7.734	0.079	3.285	2.75	19.461

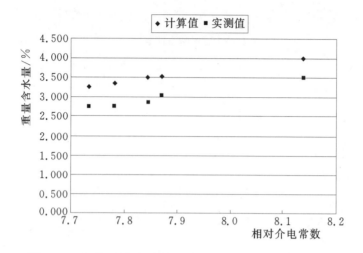

图 5.8　自然干燥法计算含水量与实测含水量对比图

依据文献［104］提供的数据，基于所荐的水泥混凝土介电模型进行了含水量的计算，从上述计算结果可知：

（1）无论是采用人工烘干法还是自然干燥法减低含水量，都可以采用电磁无损检测技术通过测量水泥混凝土的介电常数实现含水量探测。

（2）第 3 章所荐的水泥混凝土的介电模型对描述水泥混凝土的介电特性是有效的，可以推广应用于工程实践。

（3）人工烘干法中，计算结果与实测结果较为接近，平均相对误差为 5.35%，误差较小，精度较高；而自然干燥法中，计算值与实测值有一定的出入，平均相对误差为 19.5%，并且计算值均高于实测值。

分析试验过程和计算的方法，不难发现误差产生的原因：干燥水泥混凝土的介电常数差异较大，两种不同降低含水量的方法中，烘干法为 6.194，而自然干燥法为 6.4286，试件是同批试件，只是降低含水量的方法不一而已。导致这种差别有可能有两个方面的原因：自然干燥法在试验试件浸泡阶段，试件底部未垫起，影响了浸泡阶段的水分渗入；烘干法中测试时冷却时间不够，温度偏高导致介电常数偏小。此外，测试试件和 12 个对比试件材料方面差异和不均匀性，以及计算误差的累积都有可能加大最后的计算误差。误差虽然存在，但总体来说，计算精度尚可，与文献［104］一样，本研究更侧重于采用烘干法所得的结果。

上述基于水泥混凝土介电模型进行的结构层厚度和含水量的应用实例进一步验证了介电模型的适用性和精确度，并表明基于介电模型应用电磁波无损探测技术进行水泥混凝土的含水量、厚度测试是可行的，具有重要的工程应用价值。

5.3 沥青混合料介电模型的工程应用

为检验实验室内沥青混合料介电模型在工程现场的适用性、测量精度和应用效果，本节以路面工程中的沥青混合料为例，根据工程应用实例进行检验。

沥青混合料作为一种常见的道路路面的面层材料，直接承受车辆作用和大气因素的作用。沥青材料的物理、力学性质受气候因素和时间因素的影响较大，根据这一特点，沥青路面必须满足下列基本要求：高温稳定性、低温抗裂性、耐久性、抗滑性及防渗性等。这些性能与沥青的性质、压实度、空隙率、混合料的级配以及沥青用量等指标密切相关。为保证沥青路面具有良好的工作性能，须在施工过程中加强上述指标的检测[105]。

本节基于沥青混合料的介电模型，采用电磁无损检测技术，以探地雷达为例，进行含水量、空隙率、沥青含量等参数的计算和探测。

5.3.1 沥青混合料含水量的计算

通常认为实验室内或新摊铺的沥青混合料因为摊铺时加热的原因，基本不含水分，主要由沥青、空气及骨料组成的，所以在第 4 章中室内试验部分就忽略了水分的影响。而实际工程中的沥青混合料因受大气降水或基层迁移水分的影响，是含水分的，水分若过多，还会影响沥青与骨料间的结合，产生离析，影响沥青混合料的使用性能，因此含水量也是沥青混合料质量检测的内容之一。

含水量为混合材料中水的质量与固体质量的比值，即

$$w = \frac{M_w}{M_s} \times 100\% = \frac{\rho_w v_w}{\rho_s v_s} \times 100\% \tag{5.12}$$

式中　　　　w——含水量；

M_w、ρ_w、v_w——混合料中水的质量、密度和体积；

M_s、ρ_s、v_s——混合料中固体质量、密度和体积。

5.3.1.1 由介电常数及模型探测含水量的机理

综合考虑温度和频率的影响，因所有材料同时测量，可看成是同一温度同一频率下进行的，因此温度和频率的影响不再计入。

以本书第 4 章所推荐的瑞利模型为例，说明由沥青混合料的介电常数计算含水量的机理，为应用文献 [7] 数据，同文献一样，将沥青混合料看作水、干燥沥青混合料两部分组成的混合物。

$$\frac{\varepsilon_{ac} - 1}{\varepsilon_{ac} + 2} = v_w \frac{\varepsilon_w - 1}{\varepsilon_w + 2} + v_s \frac{\varepsilon_s - 1}{\varepsilon_s + 2} \tag{5.13}$$

将 $v_w + v_s = 1$ 代入上式，式（5.13）变为

$$v_w = \cfrac{\cfrac{\varepsilon_{ac}-1}{\varepsilon_{ac}+2} - \cfrac{\varepsilon_s-1}{\varepsilon_s+2}}{\cfrac{\varepsilon_w-1}{\varepsilon_w+2} - \cfrac{\varepsilon_s-1}{\varepsilon_s+2}} \tag{5.14}$$

由上式求出水的体积率后，代入式（5.12）中就可以计算含水量：

$$w = \frac{\rho_w v_w}{\rho_s v_s} \times 100\% = \cfrac{\cfrac{\varepsilon_{ac}-1}{\varepsilon_{ac}+2} - \cfrac{\varepsilon_s-1}{\varepsilon_s+2}}{\left(\cfrac{\varepsilon_w-1}{\varepsilon_w+2} - \cfrac{\varepsilon_s-1}{\varepsilon_s+2}\right)G} \tag{5.15}$$

式中　G——由沥青、骨料和空隙形成的混合料的干密度（毛体积密度），由试验测得，一般为 $2.35\sim2.37\mathrm{g/cm^3}$。

通过电磁无损检测技术，测得沥青混合料的介电常数 ε_{ac} 和干燥沥青与骨料组成的混合料介电常数 ε_s 后，就可以进行含水量的计算了。

5.3.1.2　沥青混合料含水量的检测

郑州大学曾于 2002 年 8 月 18 日和 8 月 19 日采用美国 Pulse 车载空气耦合式路用探地雷达在安新高速路上对沥青混合料及紧急停车带等区域进行探测试验，采用 500MHz 和 1GHz 两种测试频率。试验探讨了路面物理参数（含水量、空隙率、压实度等）对介电常数的影响；建立含水量、压实度与介电常数之间的关系式，尝试应用探地雷达检测路面含水量、压实度等质检指标[7]。

试验时，在安新高速路上选取了代表路段进行了探测，包括左右车道，数据采集采用移动式采集和定点测量两种方法，如在新乡—卫辉路段以探地雷达移动为主；在安阳—新乡路段停车带区域以定点测量为主。为检验探地雷达检测效果，在试验路段先后选取若干点钻孔取芯，并用核子密度仪分别测量各点的含水量和压实度，以便进行对比分析。

为简化计算，文献 [7] 作了如下假设：

（1）沿着行车方向，沥青的密度 G 和介电特性是均一的。虽然与实际不符，但对同一段路面其差异一般较小，并且这些差异对计算含水量影响也较小，可以忽略。

（2）假定含水量沿深度不变。

（3）将沥青路面近似看作是由水分和干燥沥青混合料组成。

试验中，干沥青混合料的介电常数 ε_s 的获取途径是：在现场选取 N 个固定测点，用探地雷达获取路面介电常数，用核子密度仪和室内烘干法测量含水量，由式（5.15）分别计算干沥青混合料的介电常数 ε_s，最后取其平均值作为该路段的代表值应用到后面的含水量计算中。

文献［7］对如下典型代表路段进行测量，本研究基于瑞利模型应用文献［7］数据计算含水量，并与实测值进行比较，具体分析如下。

1. 安阳—新乡紧急停车带

在安阳—新乡紧急停车带上钻孔取芯，任意选取几点，用式（5.15）计算干沥青混合料的介电常数 ε_s，取平均值，可得 $\varepsilon_s = 3.21$，由实测的沥青混合料介电常数 ε_{ac} 和 ε_s 通过式（5.14）计算各点的含水量，计算结果见表5.9。

表5.9　　　　　安阳—新乡停车带实测含水量与计算含水量比较表

实测含水量	计算含水量	相对误差/%	测点
3.55	3.30	7.04	No.1
3.40	3.68	8.14	No.3
3.88	4.03	3.75	No.5
3.55	2.99	15.86	No.7
4.00	4.03	0.64	No.9
3.48	3.57	2.60	No.13
3.33	3.25	2.54	No.15
4.18	4.40	5.22	No.17
3.45	3.39	1.71	No.20

这组数据中最大相对误差为15.86%，平均相对误差为5.28%。基于本研究所采用的介电模型的计算值与现场测量值的对比图见图5.9。从图中可以看出，对于每个测点来讲，计算值与实测值的变化趋势一致，平均相对误差也较小。

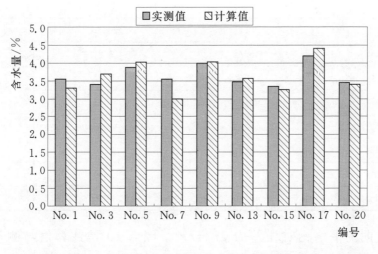

图5.9　安阳—新乡停车带实测含水量与计算含水量比较图

2. 新乡—卫辉路段

在新乡—卫辉高速路面上共 30 个固定测点进行钻孔取芯，剔除掉个别异常点，将 23 个有效数据留存。首先选取若干代表点，由式（5.15）计算干沥青混合料的介电常数 ε_s，取平均值，可得 $\varepsilon_s = 3.27$，并将其作为该路段的代表值，再由实测的沥青混合料介电常数 ε_{ac}，通过式（5.14）计算各点的含水量，计算结果如表 5.10 所示。

表 5.10　　　新乡—卫辉段实测含水量与计算含水量比较表

实测含水量	计算含水量	相对误差/%	测点
4.9	5.22	6.44	K599
4.3	6.12	42.34	K595
4.0	5.10	27.38	K591
4.4	5.73	30.21	K586
4.1	4.67	13.84	K582
4.5	5.90	31.14	K577
5.0	6.01	20.29	K570
5.3	6.52	23.04	K566
5.1	5.75	12.66	K559
5.1	5.29	3.78	K555
3.5	3.83	9.55	K551
5.1	4.60	9.79	K548
4.9	6.64	35.54	K544
4.9	5.38	9.71	K540
4.8	6.69	39.35	K535
4.8	5.85	21.91	K531
5.3	5.44	2.69	K518
10.3	11.28	9.48	K514
5.4	5.57	3.06	K502
5.6	5.24	6.37	K498
5.1	4.76	6.67	K494
4.9	4.81	1.81	K490
4.4	5.87	33.39	K488

这组数据的平均相对误差为 17.41%。图 5.10 是计算值与测量值对比分析图，从图中可以看出，虽然这组数据的计算误差稍大些，但对每个测点来

讲，计算值的变化趋势和与实测值相同。

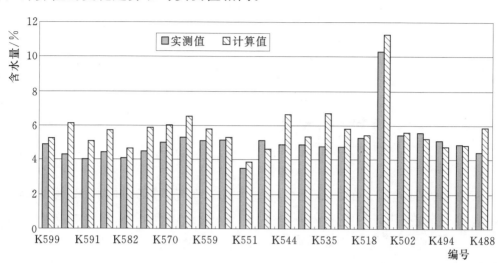

图 5.10　新乡—卫辉段实测含水量与计算含水量比较图

通过上述两段试验路段具体数据的验证，可初步得出如下结论：①基于本研究所采用的介电模型，应用电磁波无损探测技术进行沥青混合料的含水量探测是切实可行的；②由表 5.9、表 5.10 和图 5.9、图 5.10 知：基于本研究所采用的介电模型的含水量的计算值与实测值较为接近，误差较小，变化趋势一致；③分析其计算过程不难发现，误差产生的原因主要是沥青路面的三条假定与实际路面不太相符，若能基于每个测点干燥沥青混合料的介电常数值 ε_s 和干密度 G 来计算含水量，计算的精度会得到提高或改善；④由表 5.9、表 5.10 和图 5.9、图 5.10 可以看出：对于大部分测点，计算的含水量都略大于实测的含水量，这主要是文献［7］将沥青混合料视作两相材料，忽略了空隙率的存在，使得计算的介电常数较实测的介电常数偏大，导致计算的含水量也比实测的含水量偏大。

5.3.2　体积率的计算

沥青混合料的空隙率是指空隙体积占混合料总体积的百分率，计算公式为

$$V_V = \left(1 - \frac{\rho_s}{\rho_t}\right) \times 100\% \tag{5.16}$$

式中　ρ_t——沥青混合料的最大密度；

　　　ρ_s——沥青混合料的实际密度（表观密度）。

根据空隙率的定义知：介电模型中，空气体积率即为沥青混合料空隙率，这里假定空隙中充满空气。

为方便计，本研究直接计算骨料体积率和沥青体积率，也不再求骨料含量

和沥青含量，若需要，按式（5.17）和式（5.18）计算即可[89]。

$$P_{as} = \frac{\rho_{as} v_{as}}{\rho_{as} v_{as} + \rho_s v_s} \times 100\% \tag{5.17}$$

$$P_s = \frac{\rho_s v_s}{\rho_{as} v_{as} + \rho_s v_s} \times 100\% \tag{5.18}$$

式中　P_{as}、P_s——沥青含量、骨料含量；

　　　ρ_{as}、ρ_s——沥青密度、骨料密度；

　　　v_{as}、v_s——沥青体积率、骨料体积率。

5.3.2.1　计算方法

对于室内试验制备的沥青混合料试件或工程现场新摊铺的沥青混合料，因为沥青混合料施工工艺要求，需要加热，一般地，沥青混合料的拌和温度为150℃左右，压实温度为120℃左右，该温度下沥青混合料中的水分基本蒸发掉，所以，常不计水分的影响，而将混凝土看作是由沥青、骨料和空气三种成分组成的复合材料。如第4章所述，本研究所采用的介电模型较适合描述沥青混合料的介电特性，见式（5.19）和式（5.20）。

$$\frac{\varepsilon_{ac}-1}{\varepsilon_{ac}+2} = v_a \frac{\varepsilon_a-1}{\varepsilon_a+2} + v_{as} \frac{\varepsilon_{as}-1}{\varepsilon_{as}+2} + v_s \frac{\varepsilon_s-1}{\varepsilon_s+2} \tag{5.19}$$

$$v_a + v_{as} + v_s = 1 \tag{5.20}$$

式中　ε_{ac}——沥青混合料介电常数；

　ε_a、v_a——空气介电常数、体积率；

　ε_{as}、v_{as}——沥青介电常数、体积率；

　ε_s、v_s——骨料介电常数、体积率。

由式（5.19）不难看出，若已知沥青、骨料的介电常数和体积率，原理上应该能计算出沥青混合料的空隙率，因为空气的介电常数已知：$\varepsilon_1=1$。因为空气的介电常数比较特殊，问题也就此出现，空隙率前面的系数为零，也就意味着不管空隙率多大多小，该项总为零，也即通过本书模型不能直接计算空隙率。

但是因为 $v_a + v_{as} + v_s = 1$，所以空隙率的大小会影响沥青和骨料体积率的大小，因此基于瑞利介电模型，虽然不能直接计算空隙率，但可以通过计算其他两项的体积率，间接得到空隙率的大小。

5.3.2.2　骨料体积率的计算

2011年中国海洋大学的王淼在其硕士论文中曾对沥青混合料的介电特性进行过实验研究，试验中也将沥青混合料看作沥青、石子、空气三种单一介质组成的混合物，各成分的介电常数、体积比和沥青混合料的介电常数实测值如表5.11所示。文献也尝试用线性模型、均方根模型和立方根模型描述沥青混合料的介电特性，但发现：三种体积模型与实测介电常数相比有较大偏差，并进行了修正，修正后的线性模型更接近实测值。

表 5.11 沥青混合料成分表[55]

空隙率 /%	沥青体积率 /%	骨料体积率 /%	相 对 介 电 常 数			
			空气	沥青	骨料	沥青混凝土实测值
36	2.50	61.50	1	3	4	2.64
31	2.50	66.50	1	3	4	2.66
27	2.50	70.50	1	3	4	2.69
31	4.76	64.24	1	3	4	2.62

为验证试验室内建立的瑞利模型的有效性以及用在体积率检测方面的可行性和精度，本书结合文献［55］所给的沥青混合料的相关数据，根据探地雷达实测的沥青混合料介电常数和瑞利模型，先后分别进行沥青体积率和骨料体积率的计算，并与实测值进行比较分析，最后，由总体积 1 减去沥青体积率和骨料体积率得到空隙率，从而实现对空隙率的检测。

首先假设沥青混合料中骨料体积率未知，基于表 5.11 中其他数据，根据沥青混合料介电模型和实测的沥青混合料介电常数计算骨料体积率，并与实测进行比较，具体计算结果见表 5.12 和图 5.11。

表 5.12 沥青混合料骨料体积率计算值与实测值比较

空隙率 /%	沥青体积率 /%	骨料体积率 /%	相 对 介 电 常 数				骨料体积率（计算值）	相对误差 /%
			空气	沥青	骨料	沥青混凝土实测值		
36	2.50	61.50	1	3	4	2.64	68.69	11.69
31	2.50	66.50	1	3	4	2.66	69.24	4.13
27	2.50	70.50	1	3	4	2.69	70.07	0.61
31	4.76	64.24	1	3	4	2.62	66.32	3.24

由表 5.12 和图 5.11 可以看出，由沥青混合料的实测介电常数值和本书模型计算出的骨料体积率与实测值较为接近，平均相对误差 4.92%，效果较好。计算结果再次验证瑞利模型对描述沥青混合料的介电特性是行之有效的，也表明了基于介电常数和介电模型，利用电磁无损检测技术可以实现骨料体积率的探测，值得推广。

5.3.2.3 沥青体积率的计算

首先假设沥青混合料中沥青体积率未知，基于表 5.11 中其他数据，根据瑞利介电模型和实测的沥青混合料介电常数计算沥青体积率，并与实测进行比

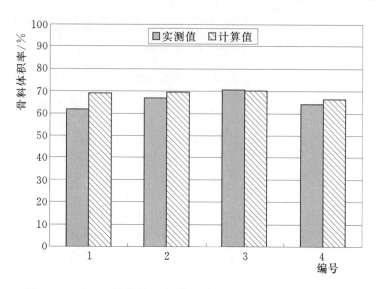

图 5.11 沥青混合料骨料体积率计算值与实测值比较图

较，具体计算结果见表 5.13 和图 5.12。

表 5.13 沥青混合料沥青体积率计算值与实测值比较

空隙率 /%	沥青体积率 /%	骨料体积率 /%	相 对 介 电 常 数				计算沥青体积率 /%
			空气	沥青	骨料	沥青混凝土实测值	
36	2.50	61.50	1	3	4	2.64	11.487
31	2.50	66.50	1	3	4	2.66	5.931
27	2.50	70.50	1	3	4	2.69	1.960
31	4.76	64.24	1	3	4	2.62	7.362

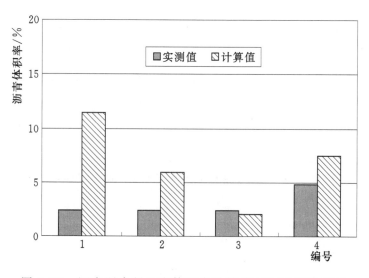

图 5.12 沥青混合料沥青体积率计算值与实测值比较图

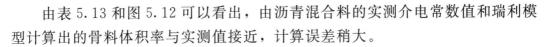

由表 5.13 和图 5.12 可以看出，由沥青混合料的实测介电常数值和瑞利模型计算出的骨料体积率与实测值接近，计算误差稍大。

5.3.2.4　空隙率的计算

由前面计算得到的骨料体积率和沥青体积率，用总体积 1 减去沥青体积率和骨料体积率即可得到空隙率，与实测进行比较，具体计算结果见表 5.14 和图 5.13。

表 5.14　　　　　沥青混合料沥青空隙率计算值与实测值比较

空隙率 /%	沥青体积率 /%	骨料体积率 /%	相 对 介 电 常 数				计算空隙率 /%
			空气	沥青	骨料	沥青混凝土实测值	
36	2.50	61.50	1	3	4	2.64	19.823
31	2.50	66.50	1	3	4	2.66	24.825
27	2.50	70.50	1	3	4	2.69	27.971
31	4.76	64.24	1	3	4	2.62	26.316

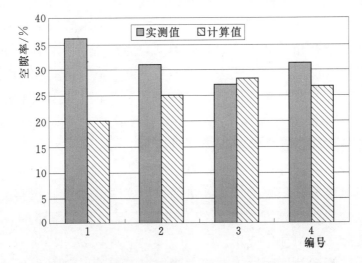

图 5.13　沥青混合料空隙率计算值与实测值比较图

由表 5.14 和图 5.13 可以看出，由沥青混合料的实测介电常数值和瑞利模型计算出的空隙率与实测值接近，计算误差稍大。

上述的一系列计算结果表明：①瑞利模型对描述沥青混合料的介电特性是行之有效的；②基于介电常数和介电模型，利用电磁无损检测技术可以实现骨料体积率、沥青体积率和空隙率的检测，在实际工程中值得推广应用。

5.4 本章小结

基于新建的水泥混凝土介电模型，建立了结构层厚度和含水量的计算方法，并将计算方法应用于工程实际。结合相关文献中水泥混凝土板的各成分的体积率和介电常数，基于所荐水泥混凝土的介电模型，在考虑环境温度和测试频率影响的基础上，计算了混凝土板的介电常数，根据探地雷达测试的混凝土板中的双程走时计算了混凝土的板厚，与实测的板厚度值进行比较，对比结果显示：与其他模型相比，由新建模型计算的板厚更接近实测厚度，远小于其他模型和经验值的误差。其次，基于所荐的水泥混凝土介电模型进行了含水量的计算。计算结果表明：可以采用电磁无损检测技术通过测量水泥混凝土的介电常数实现含水量探测。

基于沥青混合料介电模型，进行了含水量和各相体积率计算方法的研究，并由探地雷达在实际沥青混合料上测试的实际数据，进行含水量的计算，与实测含水量相比，安阳—新乡紧急停车带路段的计算精度较高，平均相对误差达5.28%；而新乡—卫辉段的计算精度有待提高，若能基于每个测点干燥沥青混合料的介电常数值 ε_s 和干密度 G 来计算含水量，计算的精度会得到提高或改善。其次，文章结合相关文献中的试验数据，先后进行骨料体积率和沥青体积率的计算，最后，由总体积 1 减去沥青体积率和骨料体积率得到空隙率，从而实现对空隙率的检测，与实测值进行比较，骨料体积率的计算精度较高，平均相对误差4.92%；沥青骨料体积率的计算精度次之，平均相对误差6.68%；空隙率的计算精度较低，主要是误差累计所致。

上述工程应用实例进一步表明：基于所建水泥混凝土和沥青混合料介电模型可以实现组成成分体积率的计算，进而可以实现含水量、压实度等一系列质检指标的检测，因为所建介电模型综合考虑了温度和频率影响，计算精度更高，值得在实际工程中推广应用。

鉴于相关试验和数据的缺乏，尚没尝试对沥青混合料其他质检指标的检测计算，如压实度的检测。今后，需要结合工程实践做进一步的研究工作，以拓展电磁无损检测技术的应用范围，为工程建设和维修提供更好的服务和支持。

6 结论与展望

6.1 结论

本书通过对水泥混凝土和沥青混合料的介电特性和介电模型进行理论和试验分析，得出以下结论：

（1）基于电磁波基本理论推导了水泥混凝土介电模型的基本形式；在此基础上，结合热学、电磁学理论，分析了温度和频率对水泥混凝土介电常数的影响：温度对水泥混凝土的介电常数影响较大，温度越高，介电常数越小，主要体现在对水分的介电常数的影响上；水泥混凝土的介电常数随频率增长，大致呈指数规律下降，并建立了含温度和频率在内的介电模型；试验研究了普通硅酸盐水泥净浆和水泥混凝土的介电特性，结合试验数据，对所推荐的水泥混凝土介电模型进行了验证，结果显示：与线性模型、均方根模型和瑞利模型相比，所推荐模型的拟合精度较高，说明比较适合描述水泥混凝土的介电常数与组成成分介电常数和体积比之间的关系；且由试验数据验证了温度和频率的影响规律，并确定了待定常数，确立了含频率和温度在内的介电模型。

（2）沥青混合料的介电特性可由介电混合理论模型来描述，根据空气、沥青、骨料的介电常数和体积比，比较分析了线性模型、均方根模型、立方根模型、瑞利模型、对数模型、李剑浩公式、SC 模型等 7 种理论模型，其中瑞利模型的理论值与趋势比较接近试验值，故以此作为沥青混合料介电模型。分析了温度和频率对沥青混合料介电常数的影响：沥青混合料的介电常数随温度升高略有增加；随频率增长大致呈线性规律下降，并建立了含温度和频率在内的介电模型；利用网络分析仪对沥青混合料的介电特性进行了试验研究，对介电模型进行了验证，结果显示：模型拟合精度较高，说明比较适合描述沥青混合料介电特性。

（3）在综合介电模型基础上，研究了含水量、各组成成分体积率的计算方法，并结合相关文献的数据，进行了水泥混凝土结构层厚度和含水量的计算以及沥青混合料含水量、沥青体积率、骨料体积率和空隙率的计算，计算精度满足检测精度的要求，进一步验证了介电模型的适用性、精确性，也说明其工程的应用价值。

6.2 展望

限于时间和个人能力，本书对水泥混凝土和沥青混合料的介电性能和介电模型的研究还有很多问题尚需进一步解决。

（1）本书着重分析了水泥混凝土和沥青混合料的介电特性、影响因素和介电模型，关于电导率方面的有关特性有待研究和分析。

（2）试验所选用材料种类、配比方案有限，有待纳入更多的材料和材料配比方案进行介电性能的测试，以进一步验证介电模型适用性和精度；试验测试的内容有待扩展，若能在研究水泥混凝土和沥青混合料介电特性的同时进行更广泛的材料力学性能方面的测试，建立材料介电特性与工程性能之间的关系，将会进一步拓展电磁无损检测技术的工程应用范围。

参考文献

［1］ 郭成超. 路面结构层材料介电特性反演及路面雷达应用 ［D］. 郑州：郑州大学，2004.

［2］ 蔡迎春. 层状非均匀介质介电特性反演分析 ［D］. 大连：大连理工大学，2008.

［3］ 张蓓. 路面结构层材料介电特性及其厚度反演分析的系统识别方法——路面雷达关键技术研究 ［D］. 重庆：重庆大学博士论文，2003 (4).

［4］ 钟燕辉. 层状体系介电特性反演及其工程应用 ［D］. 大连：大连理工大学，2006.

［5］ 张勇. 路面结构层材料介电特性实验研究 ［D］. 郑州：郑州大学，2005.

［6］ 李大心. 探地雷达方法与应用 ［M］. 北京：地质出版社，1994.

［7］ 黎春林. 探地雷达检测路面含水量、空隙率和压实度的应用研究 ［D］. 郑州：郑州大学，2003.

［8］ 陈赟. 高电导率岩土介质介电常数及含水量 TDR 测试研究 ［D］. 杭州：浙江大学，2011.

［9］ 赵艳丽. 典型地物微波介电特性及其室内测量方法研究 ［D］. 成都：电子科技大学，2008.

［10］ 王政平，任维赫. 材料复介电常数测量方法研究进展 ［J］. 光学与光电技术，2011，9 (1)：93 - 96.

［11］ Meng Meili, Wang Fuming. Theoretical Analyses and Experimental Research on Cement Concrete Dielectric Model ［J］. Journal of Materials in Civil Engineering. 2013，25 (12)：1183 - 1192.

［12］ Chernyak G Ya, Dielectric Method for Investigating Moist Soils ［M］. Jerusalem：Israel Program for Scientific Translations，1967.

［13］ Topp G C, J L Davis, A P Annan. Electromagnetic Determination of Soil Water Content：Measurement in Coaxial Transmission lines ［J］. Water Resources Research，1980，16 (3)：574 - 582.

［14］ F N Dalton, W N Herkelrath, D S Rawlin, et al. Time - Domain Reflectometry：Simultaneous Measurement of Soil Water Content and Electrical Conductivity with a Single Probe ［J］. Science，1984，224 (4652)：989 - 990.

［15］ Amara Loulizi. Development of Ground Penetrating Radar Signal Modeling and Implementation for Transportation Infrastructure Assessment ［D］. Virginia：the Virginia Polytechnic Institute and State University，2001：11 - 13.

[16] 钟燕辉，张蓓，王复明，等．路面结构层材料介电常数模型研究 [J]．公路交通科技，2006（4）：19-21.

[17] 郭秀军，张刚，侯黎，等．基于探地雷达技术的土方路基铺筑质量无损检测 [C] //中国地球物理学会．山东地球物理六十年，2009.

[18] 王海涛．路面雷达在路基压实质量控制中的应用研究 [D]．郑州：郑州大学，2007.

[19] 巨兆强．中国几种典型土壤介电常数及其与含水量的关系 [D]．北京：中国农业大学，2005.

[20] R H Haddad，I L AI-Qadi. Characterization Of Portland Cement Concrete Using Electromagnetic Waves Over The Microwave Frequencies [J]．Cement and Concrete Research，1998，28（10）：1379-1391.

[21] 陈伟，申培亮，李远．基于相对介电常数的新拌混凝土拌和物含水率测定方法与模拟 [J]．硅酸盐通报，2011，30（6）：1233-1238.

[22] 周道传．地质雷达检测混凝土结构性能的试验研究和应用 [D]．郑州：郑州大学，2006.

[23] 王涛．水泥混凝土材料介电特性及复合介电模型研究 [D]．郑州：郑州大学，2011.

[24] 杜军，黄宏伟，谢雄耀．注浆材料介电常数在雷达图像识别中的应用 [J]．岩土力学，2006，27（7）：1219-1223.

[25] 张春宇．公路隧道衬砌介电常数理论试验与应用研究 [D]．长沙：长沙理工大学，2009.

[26] 刘化学．沥青混合料材料复合介电模型研究 [D]．郑州：郑州大学，2011.

[27] 蔡明伦．流动性沥青混合料（Guss）之工程性质 [D]．台湾：成功大学，1998.

[28] 李羿贤．流动性沥青混合料（Guss）的介电性质分析 [D]．台湾：成功大学，1998.

[29] 吴资彬．沥青混合料介电性质与工程性质之关系 [D]．台湾：成功大学，1997.

[30] Lord Rayleigh. On the Influences of Obstacles Arranged in Rectangular Order on the Properties of a Medium [J]．Phil，1892，34（3）：481-502.

[31] C J F Böttcher. Theory of Electric Polarization [M]．Amsterdam：Elsevier，1952：11-13. 19（4）：566-569.

[32] J R Birchak，C G Gardner，J E Hipp，et al. High Dielectric Constant Microwave Probes for Sensing Soil Moisture [J]．Proc. IEEE，1974，62（1）：93-98.

[33] Anatolij M L Shutko，E M Reutov. Mixture Formulas Applied in Estimation of Dielectric and Radiative Characterristics of Soils and Grounds at Microwave Frequencies [J]．IEEE Transactions on Geoscience and Remote Sensing，1982，20（1）：11-13.

[34] 张俊荣，张德海，王丽巍．微波遥感中的介电常数 [J]．遥感技术与应用，1994，9（2）：30-43.

[35] 张德海，张俊荣，王丽巍．海洋微波遥感中的介电常数 [J]．遥感技术与应用，

1994，9（3）：43-52.

[36] 张俊荣，张德海，王丽巍，等．微波遥感典型地物介电常数实地测量［J］．电子科学学刊，1997，19（4）：566-569.

[37] 张俊荣，王丽巍，张德海．植被和土壤的微波介电常数［J］．遥感技术与应用，1995，10（3）：40-50.

[38] 康士峰，孙芳，罗贤云，等．地物介电常数测量和分析［J］．电波科学学报，1997，12（2）：161-168.

[39] 王湘云，郭华东，王超，等．干燥岩石的相对介电常数研究［J］．科学通报，1999，44（13）：1384-1391.

[40] 唐炼，韩有信，张守谦，等．大庆油田泥质砂岩介电特性实验研究［J］．大庆石油学院学报，1994，18（4）：1-5.

[41] 冯启宁，李晓明，郑和华．1kHZ～15MHz 岩石介电常数试验研究［J］．地球物理学报，1995，38（1）：331-336.

[42] 康国军，陈森鑫，佟文琪．岩矿石电磁频散规律的实验研究［J］．长春地质学院学报，1995，25（4）：435-451.

[43] 黄志洵．关于空气的相对介电常数与折射率的理论［J］．北京广播学院学报，1996（3）：1-10.

[44] 孙宇瑞．非饱和土壤介电特性测量理论与方法的研究［D］．北京：中国农业大学，2000.

[45] 刘格非．利用微波侦测地下水位与河川变化［J］．中国地质灾害与防治学报，2001，12（2）：44-50.

[46] 李剑浩．混合物电导率和介电常数的研究［J］．地球物理学报，1996，39（增刊）：364-370.

[47] 李剑浩．混合物介电常数的新公式［J］．地球物理学报，1989，32（6）：716-719.

[48] 潘书民，韩德利，陆海英．高含泥地层 25MHz 介电常数解释模型［J］．大庆石油地质与开发，1998，17（3）：41-49.

[49] 何大明，李大心．探地雷达探测公路路基质量的可能性探讨［J］．地质科技情报，2000，19（3）：90-92.

[50] 郭云开，王礼尧，赵建三，等．探地雷达在高等级公路工程质量无损检测中的应用［J］．华东公路，2002，1（1）：55-57.

[51] Hilhorst M A. Dielectric Characterization of Soil［D］. Ph. D. Thesis，Wageningen，1998：141.

[52] Zakri T，Laurent J P，Theoretical evidence of the "Lichtenecker's mixture formulae" based on the effective medium theory，Vauclin M，Jounral of Physics D，Vol 31，1998：2184-2190.

[53] 郭秀军，王森，吕尚庆，等．渠道衬砌混凝土介电特征研究及工程应用［J］．土木建筑与环境工程，2011，33（1）：79-83.

[54] Subedi P，Chatteriee I. Dielectric Mixture Model for Asphalt-Aggregate Mixtures

[J]. Journal of Microwave Power and Electromagnetic Energy, 1993 (28): 68 - 72.

[55] 王淼. 高等级公路路面路基 GPR 量化检测技术研究 [D]. 青岛：中国海洋大学, 2011.

[56] 赵凯华, 陈熙谋. 电磁学 [M]. 北京：高等教育出版社, 1985.

[57] Kingery W D, Bowen H K, Uhlmann D R. Introduction to Ceramics, John Wiley and Sons, New York, 1976.

[58] Roland Coelho, Bernard Aladenize. 电介质材料及其介电性能 [M]. 张冶文, 陈玲, 译. 北京：科学出版社, 2000.

[59] Clipper Controls Inc. Dielectric Constant Reference Guide, http://www.clippercontrols.com/info/dielectric - constants.html, Clipper Controls Inc., 2005.

[60] Evans R, Frost M, Stonecliffe - Jones M, Dixon N. (2006). Assessment of the In - Situ Dielectric Constant of Pavement Material, TRB 2007 Annual Meeting CD - ROM. Transportation Research Board of the National Academies, Washington, D. C.

[61] 周琦, 刘新芽. 多层介质中电磁波的反射与透射 [J]. 南昌大学学报, 2003 (1).

[62] Lichtenecker K, Rother K. Die herleitung des logarith - mischen mischungsgesetzes als allegemeinen prinzipien der stationaren stromung, Physik. Zeitschr., 1981, 32: 255 - 260.

[63] Roth K, R Schulin, H Fluhler, et al. Calibration of Time Domain Reflectometry for Water Content Measurement Using a Composite Dielectric Approach [J]. Water Resourse, 1990, 26: 2267 - 2273.

[64] Dobson et al. Microwave Dielectric Behaviour of Wet Soil - part Ⅱ: Dielectric Mixing Models [J]. IEEE Trans. on Geoscience and Remote Sensing GE - 23: 35 - 46.

[65] J A Reynolds, J M Hough. Formulate for Dielectric Constant of Mixtures [J]. Proc. Phys. Soc. London, 1957, 708 (452): 765 - 769.

[66] W F Brown. Dielectrics in Encyclopedia of Physics [M]. Berlin: Springer, 1956: 15 - 16.

[67] Kimmo Karkkainen, Ari Sihvola, Keijo Nikoskinen. Analysis of a Three - Dimensional Dielectric Mixture with Finite Different Method [J]. IEEE Transactions on Geoscience and Remote Sensing, 2001, 39 (5): 1013 - 1018.

[68] Jianjun Liu, Chungang Duan, Weiguo Yin, et al. Dielectric Permittivity and Electric Modulus in Bi2Ti4O11 [J]. Journal of Chemical Physics, 2003, 119 (5): 2811 - 2819.

[69] Mirko Dinulovic, Bosko Rasuo. Dielectric Properties Modeling of Composite Materials [J]. FME Transactions, 2009, 37: 117 - 122.

[70] 倪尔瑚. 材料科学中的介电谱技术 [M]. 北京：科学出版社, 1999: 30 - 32.

[71] Zonghou Xiong, Alan C Tripp. Ground Penetrating Radar Responses of Dispersive Models [J]. Geophysics, 1978, 62 (4): 1127 - 1131.

[72] 陈季丹，刘子玉．电介质物理学［M］．北京：机械工业出版社，1982.

[73] 方俊鑫，殷之文．电介质物理学［M］．北京：科学出版社，2000.

[74] 肖金凯．固体沥青的微波介电特性研究［J］．地球化学，1983，3：24-31.

[75] Michael Ballou. Dielectric Properties Measurement［R］，Agilent Application Note，2005.

[76] 王秀丽．典型地物介电常数测量方法研究［D］．成都：电子科技大学，2011.

[77] 卢子焱，唐宗熙，张彪．用自由空间法测量材料复介电常数的研究［J］．航空材料学报，2006，26（2）：62-66.

[78] Lee S，Zollinger D. Estimating Volume Fraction of Free Water in Hardening Concrete by Interpretation of Dielectric Constant［J］．J. Mater. Civ. Eng.，24（2）：159-167.

[79] Chang C，Chen J，Wu T. Dielectric Modeling of Asphalt Mixtures and Relationship with Density［J］．Transp. Eng.，2011，137（2）：104-111.

[80] Kimmo Karkkainen，Ari Sihvola，Keijo Nikoskinen. Analysis of a Three-Dimensional Dielectric Mixture with Finite Different Method［J］．IEEE Transactions on Geoscience and Remote Sensing，2001，39（5）：1013-1018.

[81] Jianjun Liu，Chungang Duan，Weiguo Yin，et al. Dielectric Permittivity and Electric Modulus in Bi2Ti4O11［J］．Journal of Chemical Physics，2003，119（5）：2811-2819.

[82] Mirko Dinulovic，Bosko Rasuo. Dielectric Properties Modeling of Composite Materials［J］．FME Transactions，2009，37：117-122.

[83] 赵淑芳．岩石介电常数与各种影响因素的关系［J］．测井技术，1982，4：36-47.

[84] Beek A van，Breugel van K，Hilhorst M A. In Situ Monitoring System Based on Dielectric Properties of Hardening Concrete［J］．Structure Faults and Repair Edinburgh，1997：407-414.

[85] 中华人民共和国交通部．公路路面基层施工技术规范：JTJ 034—2000［S］．北京：人民交通出版社，2000：10-11.

[86] 中华人民共和国交通部．公路土工试验规程：JTG E40—2007［S］．北京：人民交通出版社，2007：128-129.

[87] Scherocman J A，Martenson E D. Placement of Asphalt Concrete Mixtures，Placement and Compaction of Asphalt Mixture STP 829，F T Wagner，Ed.，ASTM，Philadelphia，PA.，1984：3-27.

[88] Kandhal P S，Koehler W C. Pennsylvania's Experience in the Compaction of Asphalt Pavement. Placement and Compaction of Asphalt Mixture STP 829，F T Wagner，Ed.，ASTM，Philadelphia，PA.，1984：93-106.

[89] 中华人民共和国交通部．公路路基路面现场测试规程：JTJ 059—95［S］．北京：人民交通出版社，2002.

[90] 中华人民共和国交通部．公路工程质量检验评定标准：JTJ 071—2004［S］．北京：人民交通出版社，2005.

［91］ 周瑞丰，杨晓青，李彦杰．核子密度仪检测沥青混凝土路面压实度的应用［J］．中外公路，2003，23（4）：85-87．

［92］ 张蓓．无核密度仪 PQI 在沥青路面施工质量控制中的应用［J］．公路交通科技应用技术版，2006，（4）：16-18．

［93］ 付玉，吴少鹏，邱健，等．无核密度仪在沥青路面压实度检测中的应用［J］．武汉理工大学学报，2007（9）：22-23．

［94］ Al-Qadi I L. The Penetration of Electromagnetic Waves Into Hot-Mix Asphalt，Proceedings of the Nondestructive Evaluation of Civil Structures and Materials 1992，May，Boulder，CO：195-209．

［95］ Shang J Q，Umana J A，Bartlett F M，et al. Measurement of Complex Permittivity of Asphalt Pavement Materials. Journal of Transportation Engineering，1999，125（4）：pp. 347-356．

［96］ Al-Qadi I L，Lahouar S，Loulizi A. In-Situ Measurements of Hot-Mix Asphalt Dielectric Properties［J］. Journal of Non-Destructive Testing and Evaluation，2001，34（6）：427-434．

［97］ P Subedie I Chatterjee，Dielectric Mixture Model For A Sphalt-Aggregate Mixtures，The Journal of Microwave Power and Electromagnetic Energy，1993，28（2）：68-72．

［98］ Sihvola A，Lindell I V. Polarizability and Effective Permittivity of Layered and Continuously Inhomogeneous Dielectric Spheres［J］. Journal of Electromagnetic Waves Application，1989，3（1）：37-60．

［99］ 赵淑芳．高频场中岩石介电性质的实验研究［J］．石油学报，1982，（S1）：63-72．

［100］ Jaselskis E J，Grigas J，Brilingas A. Dielectric Properties of Asphalt Pavement. Journal of Materials in Civil Engineering，ASCE，2003，15（5）：427-434．

［101］ 李垒．介质介电常数的变温测量及其应用［D］．成都：电子科技大学，2009．

［102］ 吕晨光，曾葆青，张海，等．沥青混合料复介电常数的测量［C］∥第七届中国功能材料及其应用学术会议论文集·第6分册，2010．

［103］ 中华人民共和国交通运输部．公路路基路面现场测试规程：JTG E60—2008［S］．北京：人民交通出版社，2008．

［104］ 杨建．雷达技术在混凝土湿度检测中的应用［D］．北京：北京交通大学，2010．

［105］ 杨兵．基于改进介电模型的沥青路面面层压实度反演［D］．郑州：郑州大学，2010．